スマホと哲学

IWASAKI 岩崎大 DAI

SMARTPHONE & PHILOSOPHY

春風社

目次

第1章　「井の中の蛙」は幸せか？

1　自分で考えることの初心者へ

スマートフォンと哲学は役に立つ？

スマートフォンがあれば、いつでもどこでも誰とでも会話できる。わからないことは調べ、迷子にならずに目的地に辿り着き、美味しいレストランを予約し、ゲームで暇をつぶし、その気になれば結婚相手だって見つけられる。スマートフォンが現代社会にもたらした影響は計り知れず、生まれたときからスマホがある世代にとっては、スマホがない生活を想像することは難しい。一方で、過剰なコミュニケーションやトラブルによる否定的側面も指摘されているが、リスクに対して、もたらす恩恵が圧倒的に大きいので、スマートフォンの利用を止める理由にはならない（交通事故があるからといって自動車の利用を禁止しないのと同じ）。スマートフォンは現代人に、情報やつながり、そして安心、興奮、喜び、幸福をもたらし、私たちの生き方をよりよいものにしてくれる。ただし、なくても死にはしない。

哲学も同じである。哲学があれば、いつでもどこでも、いろんな事ができるようになる。一度その力を知った者は、哲学的に考えないで生きることなどできなくなる。哲学など世の中の役に立たないという否定的意見もあるが、もたらす恩恵の圧倒的な大きさを考えれば、哲学をしない理由はない。哲学は現代人に、知識やつながり、そして安心、興奮、喜び、幸福をもたらし、私たちの生き方をよりよいものにしてくれる。ただし、なくても死にはしない。

スマートフォンとは違い、哲学のもたらす恩恵について、納得できない人がほとんどだろう。それは単純に、哲学を知らないか、誤解しているからである。つまり哲学の初心者だ。「スマホなんていらない」と言っている人を憐《あわれ》むのなら、その気持ちを「哲学なんていらない」と思っている自分に向けてほしい。**「ただ生きる」ためならスマホも哲学も必要ないが、「よく生きる」ためにはどちらも役に立つ。**そして、人生をよりよいものにするという点では、スマートフォンより哲学の方が重要だ。ただ、安心してほしいのは、ここでいう哲学は、難解な哲学書を読むことではない。読者によっては、本書を読むだけでも事足りる。

スマートフォンが「よく生きるための道具」ならば、哲学は、「よく生きるための能力」だ。猫に小判、アナログ人間にスマートフォン。よい道具があっても、能力がなければ使いこなすことはできない。スマートフォン以外にも、自動車やコンビニなど、よく生きるための道具は世の中にあふれているが、使い方を間違えると、待っているのは事故、病気、貧困《ひんこん》である。それに、道具を使う能力には、適切な道具を選ぶ能力や、つくる能力も含まれるので、それがあるとないとでは、できることの選択肢がまったく違ってくる。

「知識」というのも、私たちの生活をよくしてくれる重要な道具である。せっかく努力して得た知識を、試験にしか使わない人は、道具を使う能力の低い人だ。試験に合格するためだけの勉強は、無意味な数字の羅列を暗記することと同じ、インプットするだけで、アウトプットすることにつながらない。ご存知の通り、そんな勉強は楽しくない。スマートフォンですぐに知識が得られる時代に、インプットだけしていても意味はない。反対に、最初からよく生きるために知識を使おうと意識している人は、有効かつ効率的に学ぶことができるし、未来の自分をイメージし、勉強を楽しむこともできるだろう。

哲学は英語でPhilosophy（フィロソフィー）といい、ギリシャ語で「知を愛する」という意味だが、愛するとは、好きなものをガラスケースに入れてコレクションすることではなく、よく生きることにとことん活用しようとする態度である。

哲学の前には何もない

道具を使う能力やアウトプットの仕方が大事なことはわかるが、いわゆる哲学というものは、世の中の役に立たないムダなことを考えているだけなのではないか。

こうしたイメージは、たしかに間違いではない。というより、哲学が世の中の役に立たないのは、ある意味、当たり前だ。哲学は、よりよい生き方を求め、世の中にある既存の価値観や生き方さえも疑い、脅《おびや》かすものである。だからこそ、既得権益が改革を否定するように、現状をよしとする立場からすれば、現状を否定（改革）する哲学は不要であり有害であるのは当然だ。**哲学は世の中の役に立たないが、新しいよりよい世の中、よりよい人生をつくるのに役に立つ。**

一方で、企業を成功に導くためには「経営哲学」が必要だといって、哲学を擁護する人もいる。哲学的な思考能力を身につけることは、ビジネスに活かせることは間違いないし、その意味では、『年収1000万になるための哲学』なんていう新書があってもおかしくはない。だが、それは哲学のテクニックを利用してビジネスをしているだけで、哲学ではない。

哲学は、ビジネスを成功させることが「よく生きる」ことだと前提してはいけない。幸福度と年収が比例しないという統計データからも分かるように、ビジネスの成功は「よく生きること」に直結するとは限らないのだから、むしろ高収入がよいことだと思ってしまうその当たり前の判断基準を疑うことからはじめないといけない（考えた上で、「高収入がよいことだ」という結論に至るなら、それでいい）。問いにするならば「自分はなんのために働くのか」ということだろう。

経営するための哲学ではなく、哲学した上での経営でないと、経営哲学は哲学とはいえない。巷にあふれる「〇〇哲学」も、都合のいい前提からはじまっているなら、それは哲学ではなく、ただの個人的な主張か自己正当化である。

あらゆる行動の、「〇〇のため」という基礎を哲学がつくる。この基礎があってはじめて行動が決まるので、本来、哲学の前には何もない。科学、文学、美学など、あらゆる学問の基礎にも哲学がある（古代ギリシャでは全ての学問が哲学と呼ばれていた）。ところが、現実はというと、あらゆる行動に哲学がなくなってきている。「〇〇のため」という基礎がないまま、世界は動き続けている。

哲学が役に立つ理由のひとつは、あらゆる物事の基礎に目を向けることによって、多くの人が無自覚に受け入れてしまっている様々な前提を明らかにするからである。**よく生きるために必要なのは、「あなたの理想の生き方を実現させるマインドメソッド」ではなく、「あなたの理想の生き方を破壊する哲学」である。なぜなら、現代社会の様々な前提に漬かりきったあなたが考える理想は、あなたが「よりよく生きる」ことを妨げている可能性が非常に高いからだ。**自覚しているかどうかは別として、哲学の能力がない人は、しっかりと「考えないことの代償」を生活のなかで支払っている。

前提を疑うことがどれだけ役に立つのか、具体的に説明したいところだが、哲学が疑うのはまさにその「役に立つ」の基準（前提）なので、説明は難しい。なにせ年収1000万円になったところで、それを成功と断定しないのが哲学である。役に立つことをうまく説明できず、日常でその力に触れる機会もない哲学は、人気がない。必要ともされない。結果的に、ほとんどの人がよりよく生きるチャンスを失っている。

本当の幸せはどこにある？

「井の中の蛙《かわず》　大海を知らず」ということわざには、小さな世界しか知らずに満足することの滑稽さと、もっと広い世界を知りなさいという教訓のニュアンスがある。井の中のカエルは、井戸の外にある大海や、人間という巨大生物がいることを知らないし、自分が無知なことすら知らない。だが、井戸の中が全てだと疑うことなく自由に生きているカエルは、幸せを感じている。

井の中の蛙が幸せかと問われれば、幸せだろう。なにせ、本人が幸せを実感しているのだから。幸せを感じて生きることが人生の目的なら、カエルは目的を達成している。あとはこの幸せが続くようにすればよいし、もし幸せを感じられなくなったら、調整して再び幸せを手にすればいい。

人間はカエルと違って海のことは知っているが、カエルと同じで知らないことはいくらでもある。量子力学や深海生物の生態を知らない人、恋愛、読書、海外旅行の素晴らしさを知らない人もいるだろう。そして、哲学の力を知らない人も多い。だが、それでも幸せを感じることはできる。

ところが、大海を知る者は、外の世界を知れば、人生がより豊かに、より楽しく、より幸せになれるはずと考える。それゆえ、知っている者から見ると、井の中の蛙はより幸せになれるチャンスを逃しているという意味で、憐れで不幸だと感じてしまう。親や学校が子供に強制的に勉強させるのは、勉強が将来のさらなる幸せにつながると考え、今はわからなくても「後になればわかってくれる」との思いがあるからだ。

井の中の蛙問題の第一の問いは「本人が幸せと思えばそれでいいのか？」である。少なくとも大好きなゲームをして幸せな子供は、それでいいとはいかないようだ。ならば、大好きなお金を稼いで幸せな大人はどうなのか。もし、より幸せになる方法があっても、干渉しないほうがいいのか。幸せな生き方を決めるのは、今の本人なのか、大海を知る他者なのか、後になってわかるであろう自分なのか。

おいしいパンケーキを食べると、幸せだ。年収1000万円を超えても、結婚して子供を産んでも、幸せだ。幸せになれる方法はいくらでもありそうだ。だがときには、そんないくつもの幸せのなかから、どれかを選ばなければならないこともある。妙齢の女性が、「大好きなパンケーキを我慢しても、結婚できれば幸せ」といってダイエットに励《はげ》むのには感心するが、「結婚できなくても、パンケーキがあれば幸せ」といったとしたら、かける言葉が見当たらないのは、なぜだろう。

一般的には、パンケーキよりも結婚や家庭をもつことの方がより幸せだと考えられている。幸福には、より重要なもの、いわば質の高い幸福というものがあるようだ。そして、質の高

第1回　幸福勝ち抜きトーナメント
※あなたがより幸せを感じると思う方を勝者とする

1回戦	パンケーキ	VS	焼肉
2回戦	1回戦の勝者	VS	温泉
3回戦	2回戦の勝者	VS	ネコ
4回戦	3回戦の勝者	VS	友達
5回戦	4回戦の勝者	VS	1000万円
6回戦	5回戦の勝者	VS	結婚
準々決勝	6回戦の勝者	VS	国民栄誉賞
準決勝	準々決勝の勝者	VS	孫
決勝戦	準決勝の勝者	VS	神

い幸福の多くは、簡単には手に入らないし、なおかつその幸せをキープしようとすると、長期的な努力が必要になってくる。道のりは険しいかもしれないが、だからこそ、それを得たときの幸福には、何ものにも替えがたいものがある。ではいったい、目標とすべき質の高い幸福とはなんだろうか。ひとまずこちらで、幸福勝ち抜きトーナメント（上図）を用意したので、考えてみてほしい。

さて、何が優勝しただろうか。あえて第1シードを神としたが、拍子抜けした人も少なくないだろう。多くの場合、神は孫に負ける（！）。だが、詳しくは次章で述べることにするが、信仰をもっている人にとって、神がもたらす至上の幸福は、日常生活の俗な幸福とは比べものにならない圧倒的な幸福である。あなたに宗教の勧誘をする人は、信仰をもてば、あなたが最高に幸せになれると真剣に思っている。信じる者に至上の幸福をもたらしてくれるのが神であるなら、まさに第1シードにふさわしい。むしろ幸福を求める人間が、信仰をもたない理由などないとさえ思えるほどだ。次章では、合理的な説明を用いて、読者を宗教へ勧誘していくので、注意してほしい（筆者は無宗教である）。

ひとまず信仰の話は置いておこう。幸福勝ち抜きトーナメントの優勝者に、あなた独自の対戦相手をいくつか用意して、防衛戦をしてみよう。そして、次の対戦相手が見つからなくなったら、それがあなたの幸福チャンピオンである。

だが、大きな問題が残ってしまう。この世界のどこかに、あなたの知らないとんでもない幸福が潜んでいるかもしれないのだ。つまりあなたは井の中の蛙で、どこかに真のチャンピオンがいることを知らずにいる。しかも、仮に運よく新チャンピオンを発見しても、まだ別のどこかに真のチャンピオンがいるかもしれない。さらに、4年後の第2回大会や、8年後の第3回大会では、過去の敗者がチャンピオンになるかもしれない。

井の中の幸せから、大海の幸せを手にしても、その先には、大陸の幸せ、地球の幸せ、銀河の幸せ、宇宙の幸せが待っているし、その先にもまだ何かがあるかもしれない。井戸の外には、別のより大きな井戸があるだけなのだ。

真のチャンピオンにたどり着くためには、全てを知らなければならないが、人間にはそれは不可能だ。**あなたの考える一番の幸福は、いつまでも暫定幸福チャンピオンでしかない。それはつまり、今以上により幸せになれる可能性を探したら、キリがないということ。これが井の中の蛙問題、第二の問い、「いつまでも知を求め続ける意味はあるのか？」である。**

真の幸福を死ぬまで探すか、どこかで止めるか、初めから探さないか。知ることが幸福につながるというのなら、この問題は重要だ。

それぞれの幸せと知ることとのリスク

一昔前なら、幸福チャンピオンは神であると答える人がほとんどだったろうが、今はそこまでではない。日常生活においても、何を幸福と感じるかは人それぞれで、同じ出来事でもそれを幸福と感じる人もいれば、不幸と感じる人もいる。

1時間以上の行列ができる話題のパンケーキを食べて、そのあまりもの美味しさに幸福を感じる女子がいる一方で、無理やり付き合わされた彼氏は、実は苦手な甘いものを食べさせられ、うんざりしているかもしれない。ある日、流行のパンケーキを彼氏と二人で食べたと聞いて、彼女の友達は羨《うらや》ましがり、彼女も隣にいる彼氏と顔を見合わせながら得意気になっている。すると、空気の読めない彼氏の男友達が口を挟み、彼氏が本当は甘いものが苦手だということを、みんなの前で話してしまう。幸せな空間に、暗雲が立ち込める。

彼女は罪悪感を抱きつつも、どうして言ってくれなかったのと問い詰める。彼氏はひどく気まずい顔をしながら、たしかにそんなに好きじゃないけど、君が喜んでくれればいいんだと必死に弁解する。その弁解に彼女の友達は感心しつつ、迷惑な彼氏の友達を睨《にら》みつける。彼女は彼氏の弁解を聞いても、モヤモヤが収まらない。以後のデートでは、恒例だったスイーツ巡りがなくなった。

彼女は、自分の彼氏が甘いものを好きではないという事実を知らない井の中の蛙であった。無知だからこそ、スイーツ巡りデートで心から幸せを感じられた。大海の存在を教えてあげることは、無知なカエルをより幸せにするとは限らない。我こそは世界最強と自負していたカエルは、外の世界に殿様蛙や人間のような絶対に勝てない巨大生物がいると知ったとき、プライドを失い、ひどく落ち込んでしまうだろう。

無知でいることは弱みになるから、親は子供に勉強をさせる。しかし、「知らない方がよかった真実」というのもあるのかもしれない。**知ることは、必ずしも人を幸せにしない。よくも悪くも知識は劇薬であり、同じ薬でも人によっては猛毒になるリスクがある。井の中の蛙問題、第三の問いは「知ることのリスクを負ってまで、新たな知を求めるべきか?」である。**

神に選ばれし地上の支配者であったはずの人類は、ダーウィンによってサルの親戚にされてしまった。この世界は、神が目的をもって創造したわけではないらしい。人間のことも世界のことも、知れば知るほど、自分がどうしようもなく弱く儚《はかな》いものだという事実を突きつけられる。もしかしたら、残酷な真実など知らないまま、自分を最強生物だと誤解している井の中の蛙は、一番の幸せ者なのかもしれない。

しかし、無知ゆえの幸せは、常に知ってしまうリスクにさらされている。知るきっかけは、単なる偶然や、他人の悪意や善意など様々であるが、情報の溢れる現代社会では、無知であり続けるというのは簡単ではない。

彼氏の友達は、場の空気が悪くなり、敵視されようが、教えてあげることが二人のためになると「後になればわかってくれる」と信じていたのかもしれない。親友が大好きなラーメンを食べずに苦手なスイーツばかり食べさせられている（しかもラーメンより高い!）現状を救ってあげたいという気持ちもあっただろうし、もっと立ち入って、彼氏はもっと彼女に意見を言うべきだし、彼女には彼氏のことをもっと見てあげてほしい、と思っているのかもしれない。井の中で幸せな彼女、大海を知りつつ井の中の幸せをよしとする彼氏、大海で二人とも幸せになれる場所（たとえばオムライス）を見つけてほしい友達。求める幸せは三者三様である。

ちなみに哲学の立場からすると、彼氏の友達のやり方は三流である。一流は、相手に自覚してほしいことを直接伝えるようなことはしない。もちろんそれは自分が嫌われたくないからでも、空気を壊したくないからでもなく、他人からではなく自分で気づく方がよりよい結果を生むからだ。他人から突然、不都合な情報を伝えられれば、理解や対応に戸惑うし、反発心や恥じらいもでてくる。それに対して、自分で自分の間違いを見つける場合は、思考が整理されており、積極的に問題を解決しようという気持ちになる。

さりげない会話のなかで、彼女自身に「もしかして彼はそんなにスイーツ好きじゃないのかな？」と徐々に気付かせるのがプロの技である。そうすれば、彼氏のやさしさや自分の至らなさを身に染みて実感できるし、前向きに対応できる。

よき哲学者、よき教育者のモデルは産婆さん（助産師）に譬《たと》えられる。他人から子供を押しつけられては困るが、自分で産んだ子供には愛情を注がずにはいられない。**人から言われてやるのと、自分で気づいてやるのとでは、対応も違うし、充実感や幸福感に大きな差がでる。真実は一つでも、それをどう知るかが結果に影響する。**だからこそ哲学者は、真実を突きつけるのではなく、真実を産むのを手伝う。

哲学を知らない井の中の蛙に、スマートフォンのように哲学を与えることはできない。哲学者の格言を引っ張り出すことは哲学ではない。**自分で哲学的に考えるようになってもらわないと、よく生きることはできない。**それを助けるのが哲学者の、そして本書の役割である。

2 「生きる意味などない」からはじめよう

不幸自慢と幸福上手

「今が幸せならそれでいいのか？」を考える前に、そもそもあなたは今、幸せだろうか？日々、幸福を感じて生きている日本人はあまり多くないらしい。生活の満足度を数値化した「世界幸福度ランキング」でも、日本は経済、治安、寿命の面で上位であるにも関わらず、主観的な幸福感はかなり下位にあるそうだ。日常会話でも、「楽しかった」くらいならまだしも、「幸せだ」という話ばかりしていると、自慢や嫌味と受け取られてしまうこともある。

一方で、他人の不幸は蜜の味というように、「こんな最悪なことがあった」、「なんで自分だけこうなるんだ」といった、不幸な話は盛り上がる。なかには、顔、体形、収入、学歴、出身地、友達の数などから、自分についてのあらゆるネガティブな要素を拾い集め、その場に応じた自分の不幸を嬉々として話してくる人がいる。いわゆる不幸自慢である。不幸自慢な人は、幸せそうな人を見つけてひがんだり、粗探しをし嘲笑《ちょうしょう》したりするが、他人を批判するときに自分が優れているとは決して言わない。他人を落として自分も落とす。インターネットでは誹謗中傷と自虐が横行している。まるで幸福より不幸の方が心地よいかのように。

SF作家のカート・ヴォネガット（1922–2007）は、現代人に決定的に欠けているのは幸福を感じる能力だという。現代は、過去と比べれば、食糧や衛生、治安面でも安心だし、美味しいものや楽しい娯楽などを自由かつ簡単に手に入れられるので、幸せを感じるチャンスは1日に何度もありそうだ。しかし、それでも幸せを感じられないのは、幸せをもたらすモノには恵まれていても、そこから幸福を感じ取るセンサーが壊れているからかもしれない。**「幸福センサー」が壊れていれば、周りに何があろうと幸福は感じられない。**せいぜい、結婚、出産、出世など、誰もが幸せと認めるような、わかりやすい大きなものを得たときに、やっと反応する程度だ。

一方で、現実のリスクや苦労に対する「不幸センサー」はなかなか高感度のようだ。危険を見逃さないように慎重になることは生物として必要なことではあるが、不幸センサーばかりが敏感になって幸福センサーが機能しないのは、まさに不幸な生き方ではないだろうか。

ALS（筋萎縮性側索硬化症）という病気は、運動神経細胞が侵されることで、動かせなくなった筋肉がやせ細っていき、次第に歩くことも話すことも食べることもできなくなり、さらには呼吸することもできなくなるという進行性の難病である。現在、有効な治療法は存在しない。運動神経細胞の病気であるため、身体を動かすことは困難だが、その一方で、（痛みを含む）感覚や、意識、記憶など、知性に関わる神経は正常であり続ける。機能を失っていく肉体と、冴えわたる精神。とても残酷で不幸な病気である。

だが、ALS患者は不幸であるとか、生きていてもつらいだけだから早く死んでしまったほうがいいなどと本気で思っている人がいるのなら、その人は非情というよりも、ただ無知なだけである。難病患者達は、幸福と笑顔を奪われ、禁じられたわけではない。そして現に、この不幸な病気のなかで、彼らは笑い、幸福を感じる。もちろん、健常者よりもできることが圧倒的に少ない彼らには、相当な苦悩があるはずだ。しかし彼らは幸福たりうる。幸福な

ＡＬＳ患者たちは、苦しい状況で自分の生に向き合った結果、現代人に欠けている幸福の高感度センサーを手に入れたのだろう。性能の悪いセンサーゆえに不幸自慢ばかりしている現代人よりもよっぽど幸福上手である。彼らは、自分たちのみならず、彼らに関わる周囲の健康な人間にも気づきと幸福をもたらしてくれさえする。

幸福に生きるＡＬＳ患者がいる一方で、身体的には健康であるにも関わらず、不幸に沈み、自ら命を絶つ人がいる。日本では若者の死因第一位が自殺である。例えば以下のような不幸な状況にある中学生がいたとしよう。

・いじめによる肉体的、精神的攻撃はエスカレートするばかりである
・クラスメートも教師も誰も味方してくれない
・貧しい母子家庭で、仕事で留守が多い母親には「お前さえいなければ」といつも言われている
・見た目が悪く、他人とうまくコミュニケーションがとれない性格であると自他共に認めている

・どの転校先でもいじめられてきた

そんなわけである朝、この中学生は自殺を決意し、屋上に立っている。あなたが偶然そこに居合わせたとしたら、どうするだろうか？　話を聞いたうえで、止めることができるだろうか。親が悲しむぞと言えば悲しまないと返されるだろうし、どこへ行ってもいじめはなくならないと言う。**不幸の理論武装を素人が突き崩すのは難しい。**議論で負けて言葉に詰まるぐらいだったら、こっちが泣きつくか、美味しいご飯の話をするか、隙をみてタックルするほうがマシだろう。

この中学生をよりよい生に導く（ここでは、おそらく、自殺を止めること）ために、まず理解しなければならない重要なことは、右に挙げた状況は、自殺する理由にはならないということである。そんな理由で自殺するのは間違っている、という意味ではない。そもそも理由として成立していないのだ。というのは、ここに書かれていることは、ただ事実を羅列しているだけだからだ。これらの事実が死ぬ理由として条件を満たしているならば、この状況やそれ以下の状況にあるすべての人は自殺するべきということになってしまう。

例えば、この高校生よりも厳しいいじめを受けている中学生や、孤独なALS患者は、おそらく死ぬ理由を満たしていることになるだろう。自殺しようとするような人はおそらく、自分は死にたいけれども、自分と同じような人も死ぬべきだ、とは考えないだろう。つまり、他の人とは違う何かが、死ぬべき理由として別にある。その別の何かは、事実ではない、たとえば以下のようなことかもしれない。

・いじめを受けて苦しい、悲しい、寂しい
・教師や親が自分を守ってくれるはずがないし、大人にチクれば報復される
・親に迷惑をかけたくないし、自分は愛される資格もない
・自分はいじめられて当然の人間である
・いじめは終わるどころかどんどん過激になっていくので、未来には絶望しかない

これらは事実に対する本人の感情や判断であり、他の人とは違う自分だけの死ぬ理由である。そして、見るからに独断と偏見に満ちている。不幸センサーだけが暴れ回っているようだ。もちろん、いじめという事実がなくなれば、苦しみ悲しみ、寂しさがなくなり、自殺しなくなるかもしれないが、その希望をもてないから問題なのだ。事実を変えるアイディアで

希望をもたせることができないなら、事実に対する感覚や思い込みの方を狙ったほうがいい。

「である」から「べき」は導けない

事実に関する入念な調査やデータを並べたて、「それゆえにこうするべきだ」と結論づける議論は、客観的かつ論理的に聞こえる。例えば、産業革命以後、急激に上昇した地球の平均気温や、それに伴う気候や生態系の変化をデータとして集めると、このままCO_2を排出し続けると、近いうちに人類が滅びることが予測される。そこから、「地球は温暖化しているから、CO_2を減らすべきだ」という、環境問題の基本的な考え方が導き出される。誰もが納得するだろうが、厳密に言うとこの議論は論理的ではない。

考える能力を身につける上で、決して忘れてならないことは、**事実から価値は導かれない**、という原則である。この世界についてのあらゆる事実＝「である（is）」は、いかなる義務や目的＝「べき（ought）」も含まない。事実をどれだけ並べ立てても、それだけでなにかを良い（good）と判断することはできない。なぜなら、「べき」「べきでない」「よい」「わるい」といった価値判断をするためには、事実とは別に、何が良くて何が悪いかを判断する基準が必要であり、その基準によって、事実はいかようにも価値づけられるからである。

人類に乱獲され絶滅危惧種となっているクロサイの気持ちになってみよう。地球温暖化は、人間とクロサイが生きるこの世界の共通の事実だが、クロサイにとっては、温暖化によって引き起こされる被害よりも、天敵である人類が滅びてくれるメリットの方が大きいので、温暖化は予防するよりも促進すべきものと判断するだろう。地球温暖化を止めるべきだと思うのは、人類の存続を願う者に限られる。人類の中にも、人類破滅を企む悪い人がいるかもしれない。つまり本当のところは、「地球は温暖化しているから、(人類が存続した方がよいという価値観をもつ人は) CO_2を減らすべきだ」というように、**事実と価値判断の間に、隠れた価値観がカッコに入っているのである。**そしてこのカッコの中身が変われば、「べき」の部分も変わっていくので、「である」だけでは「べき」の内容は決まらない。

気をつければすぐにわかると思うが、温暖化に限らず、世の中には、一つの事実からあたかもそれが絶対であるかのような価値判断をする語りがあふれている。もちろん、当たり前すぎてわざわざ言うまでもないという場合もあるだろう。クロサイはさておき、人類にとって人類の生存が大事なのは当たり前だ。

だが、当たり前だからといって無視していると、おかしなことになる。地球温暖化対策のなかで「地球を守ろう」などと言われることがあるが、これは明らかにおかしい。地表の状態が多少変化したところで、地球は爆発しないし、（地球に感情があるとしても）平熱が少し上がったくらいで、悲鳴をあげるほどのことではない。温暖化の原因をつくったのは人間であり、困っているのも人間である。なにも困っていない地球を人間が救うというストーリーは、人類の価値観を地球の価値観にこっそりすり替えるズルでしかない。

当たり前の価値観が隠れていることを忘れ、あたかも事実から直接、価値判断が導かれているかのように錯覚してしまうことで、人は簡単に間違えたり騙されたりしてしまう。特に現代人は、科学的なデータを示されると、その先にある「べき」「べからず」を盲目的に信じてしまいがちである。しかし、**科学は「である」「だった」「だろう」といった事実しか扱わないので、どこまでいっても「べき」や「よい」はでてこない。科学的根拠に基づく判断といっても、そこには科学とは別の価値観や信念が隠れている。**データは嘘をつかないかもしれないが、データを分析する人間は嘘をつく。事実から価値を語る人はズルをしている。厄介なのは、そうしたズルの多くは、悪意ある嘘ではなく、善意に満ちた偏見からくるということだ。

とはいえ、人間は肉体をもつ生物である以上、鬼に金棒で殴られて、200度の焦熱《しょうねつ》地獄に突き落とされれば、誰だって痛くて苦しいし、あれこれ考えを巡らす余裕もなく、ここから逃げ出た方がよい、逃げ出すべきだと判断する。そういう意味では、「である」から「べき」を導けることもある。**快不快という感覚（事実）は、良い悪いの価値判断につながっている。それゆえ、事実から完全に独立して価値観を自由に変更することもできない。**

だが、人間は睡眠時間を削って勉強したり、パンケーキを我慢してダイエットしたりと、本能的な欲求をある程度なら抑えることができる。すなわち、生物としての本能的な判断ではない、別の価値観によって自分をコントロールすることができる。この別の価値観を、理性といったり社会性といったりするのは自由だが、本能的価値観と比べて、こちらはかなり多様性に富んでいることは確かだ。なにせ、殴られて喜ぶ変態もいるし、生存本能に逆らって自ら死のうとする人さえいるのだから。

「生きる意味」という偏見

代表的な哲学の問いである「生きる意味」について考えてみよう。結論からいえば、そんなものはない。ここにも隠れた価値観の問題がある。

「生きる」ことは事実であり、「意味」はそこに理由や目的を与える価値判断である。「生きる」という事実だけをどれだけ掘り下げても、そこから意味は出てこない。つまり、生き

ることそれ自体に意味はない。意味があるとすれば、それはなんらかの価値観によって判断される。

赤信号の意味は「止まれ」である。ただし、交通標識を知らない部族や動物達にとって、赤信号に意味はない。そして、赤信号の意味を知っている人のほとんどが、一度ならず、赤信号でも止まらずに進んだことがあるだろう。つまり、赤信号が意味する「止まれ」は絶対ではなく、信号の意味を知らなかったり、急いでいたり、明らかに誰もいなかったりするとき、ルールは破られる。

信号や、ゲーム、スポーツなどには、一定のルールがある。サッカーをやるなら、突然ボールを手で抱えて走ってはいけない。ただしあなたは、サッカーの試合中に、突然ボールを手で抱えて走り出すことはできる。レッドカードで退場と言われ、相手にも仲間にも嫌な顔をされるかもしれないが、あなたにはサッカーのルールを破る自由がある。誰もサッカーのルールを破らないのは、楽しみたいとか、勝ちたいといった理由があるからだが、楽しむためにルールを破りたくなることもあるし、そこから新しいスポーツが生まれることだってある。

物騒な話だが、この話は法律というルールにも通用する。自分のやりたいこと、やらなければならないことが、法律に反していて、それゆえ刑罰を受けざるをえないとしても、それをする自由はある。実際に、犯罪は違法性を自覚した上で行われるのがほとんどだ。

報復さえ恐れなければ、絶対服従のルールなどありえない。つまり、ルールに従わなければいけないルールなどないということだ。ルールに従うのは、諸事情を踏まえた上で、ルールに従った方が「よい」と判断しているからであって、事情が変われば判断も変わりうる。

「生きる意味」について、すなわち何のために生きるのかについて、これまで人類は様々に語ってきた。例えば幸福、愛、家族、仕事、遺伝子、神など。しかし、多くの現代人は、宗教家や遺伝学者が説く生きる意味に対して、「神や遺伝子のために生きることに、何の意味があるのか?」と思ってしまう。あれこれと説明を聞いた上で「だから○○が生きる意味だ」と言われても「それに何の意味があるの?」と問えるのは、事実認識というより、事実に対する価値判断が違うからだ。

同様に、「幸福のために生きることに、何の意味があるのか?」と問う人もいる。あなたがどれだけ生きる意味について力説しても、冷ややかに「で?」と問うことはできる。そしてその究極は、「生きる意味というものに、何の意味があるのだ?」という、いかにも屁理屈な問いである。しかしこれは屁理屈ではなく、価値観が抱える本質的な問題だ。

ルールに従わなければいけないルールがないのと同じく、生きる意味をもつ意味などない。**生きることに意味があり、それがどんなものなのかは、諸事情を踏まえた上で、あなたの価値観が「それでよい」と判断しているだけで、価値観が変われば判断も変わりうる。**ある価値観に基づいて「これが生きる意味だ」と言われても、その価値観を採用しない自由（可能性）はある。あらゆる価値観は、絶対的なものではなく、特定の立場で、意味や価値や目的を語る。それはいわば、現実に対する偏見でしかない。

すなわち、**生きるという事実に意味はなく、生きることに意味を与える価値観は全て偏見である。それゆえ、生きる意味などない。**道端の石とは違い、人間の命には特別な価値があると思うのは偏見であり、ひとりひとりの人生に生きる意味があると思うのも偏見であり、まして、自分一人のみならず人間一般に共通の生きる意味があると思うのは相当な偏見である。

生きる意味を問う時点で、「人間には生きる意味があるべきだ」という隠れた価値観（偏見）が既に入り込んでいる。この問いに素直に答える前に、どうしてそんな偏見まみれの問いが出てきたのかを考えた方がよさそうだ。

一般に偏見をもつことはよくないといわれるが、あらゆる価値観が偏見なのだ。そして厄

介なことに、人間はこの偏見なしに生きることができない。つまり人間は、意味や価値や目的なしに「ただ生きる」ことはできず、本能とも違う自分の価値観に従って「よく生きる」ことを求めずにはいられない奇妙な生物なのだ。この事実を、人間の能力ととるか呪縛ととるかは偏見次第《しだい》である。

生きている以上、偏見をもつことは仕方ない。どんな偏見をもつかはあなた次第である。ただし、今のあなたの価値観は、あなたがゼロからつくったものではない。無防備な状態で産まれてくる人間は、親や教師や友人、社会や環境によって価値観を刷り込まれるところからスタートする。仕方のないことだが、この隠れた価値観を偏見だと自覚せずにいると、あなたのよく生きるための道はムダに困難になる。

数々の偶然によってつくられた現状の価値観を、考える能力をもって反省し、修正することで、新しい、よりよい可能性が見えてくる。**絶対的な生きる意味などないという前提を自覚した上で、よく生きるために、自分にとっての「よい偏見」を探そう。**

価値観に優劣はあるのか？

価値観にはよいも悪いもなく、「人それぞれ」なのだとしたら、お互いを侵害しない限りで価値観を尊重し、文句を言わず、干渉しない方がよいのだろうか。しかしそれでは、自殺したい中学生を止めることはできない。価値観には、「人それぞれ」では済まされない何かがあるのだろうか。

井の中の蛙は、自らの無知を知ったとき、これまでの価値観の甘さや脆《もろ》さを思い知ることがあるだろう。人は誰でも無知ゆえに間違いを犯すし、知識や体験を積んでいくなかで価値観を変化させ、それを成長と実感する。**絶対的な基準ではないが、自分が過去と比べてより成長していると判断するかたちなら、価値観の優劣を判断することはできる。**

一方で、既存の価値観に固執し、新しいものや異なる考えを受け付けない態度をとる人もいる。もちろん、変化・成長しなければいけないことはないのだが、その価値観が、（死ぬことはないにしても）いつまでも現実に耐えきれる保証はない。断言してもよいが、自分の隠れた価値観を反省、吟味する作業を怠ると、あなたの人生はやがて気づかぬうちに、大事なことを忘れ、些末なことにこだわる、本末転倒に突き進んでいくだろう。

家族のために一生懸命働く男性会社員が、いつものように残業で夜遅く帰ったある日、妻も子も姿はなく、テーブルの上に離婚届が置いてある。置き手紙には、「家族をないがしろにするあなたとはもう一緒にいられません。さようなら」とある。ひとまず茫然《ぼうぜん》とする。しかし、こちらにも言い分はある。なぜなら毎日遅くまで一生懸命働くのは、家族を守り、養うためなのだから。こっちだって休みたいが、仕事だから仕方がないのだ。

自分の苦労と努力を理解していない妻に、怒りが湧くかもしれない。だが、仕事を言い訳にしたところで、家族を幸せにできなかったのは事実である。失ってはじめて、もっとよい方法があったのではないかと、悩み、後悔するだろう。彼の行動は、家族を幸せにするという目的から外れていた。

家族を幸せにしたいという価値判断（目的）を実現するためには、働くこと（手段）が必要である。そして、働くことに気を取られているうちに、最初の目的が隠れていき、家族の幸せに直結する一家団欒の時間がなくなっていく。それでも、金銭面で家計を支えているという事実を言い訳にして、ますます家族をないがしろにし、ますます不幸にする。

手段ばかりに気を取られて目的を忘れると、目を閉じて歩いたときのように、まっすぐ進んでいると思っていても、必ずズレてしまう。目を閉じている時間が長ければ長いほど、取り返しのつかないほど道を外れてしまう。

ときには自分が道を外れていたことに気付いていても、間違いを認めたくないがゆえに、自己正当化を貫き通す者もいる。暴走としかいいようがない。**自分の現在地と進む道を、目を開**

いて常に確認しなければ、暴走と言い訳の人生が待っている。言っていることとやっていることが矛盾していると、目的の達成は困難になるし、様々な不測のトラブルが生じるだろう。

ただしこれは、初心忘るべからずという単純な話ではない。なぜなら、その初心は、あなたが知らぬ間に獲得した価値観（偏見）からくるものであり、その初期設定が問題の原因になっているかもしれないからだ。知識も経験もない状態から、様々な偶然によってつくられたあなたの価値観が、完璧（これ以上よくならない）であるはずがないし、そもそも実現不可能な矛盾を抱えているかもしれない。子供のころの夢を実現することが、今のあなたにとって最善とは限らないように、初心に固執してはいけない。**初心を疑い、夢や目標を常に疑い、更新し、洗練していくことで、あなたの価値観は現実と矛盾しないものになっていくだろう。そのときに価値観の成長を感じるだろう。**

無論、本末転倒によって現実に翻弄《ほんろう》され、挫折しないためには、自分自身の価値観を見つめ直すだけでなく、自分が歩く道、つまり現実をしっかりと見なければならない。

現実を知るには知識と経験が大事であるが、自分と現実を知る上で特に重要なのは、他者を知ることだ。この世界に生きる、自分とは異なる価値観や感性を持った存在に触れることで、自分を客観視できるし、生き方の具体例を知ることができる。また、自分の価値観が生きる目的と判断するような、愛すべき他者と出会うかもしれない。

3　隠れた価値観を暴き出せ

答えのない問いに答える理由

哲学の能力をもつ者は、自らの価値観を反省することの重要さを知っている。価値観の形成を事実や偶然に委ねるのではなく、自ら考えたり、他者と対話したりして修正することが、よく生きることにつながる。そこで一部の哲学者は、哲学を知らない井の中の蛙を外に出すための作戦を考えた。それは、本末転倒した隠れた価値観を暴き出し、井戸の中の世界に揺さぶりをかけるというものだ。

倫理学の有名な議論に、トロリー問題というものがある。簡単に説明すると、ブレーキの壊れた暴走機関車が、このままでは5人の人間を轢き殺してしまうという状況があって、たまたまその場にいたあなただけが、スイッチを押して機関車の進行方向を切り替えることができるのだが、切り替えた先には1人の人間がいて、スイッチを押せばその人が犠牲になってしまう。この時あなたはスイッチを押すかどうか、という架空の問題である。つまり、スイッチを押して1人が死ぬか、何もせずに5人が死ぬかの究極の選択ということだ。あなたはどうするだろうか。状況的にじっくり考えている暇はない。もたもたしていたらそのまま5人が轢き殺されてしまう。

この質問に対して、多くの人がスイッチを押すと答える。なぜかと訊くと、5人より1人の方が犠牲が少ないからだという。一方で、スイッチを押さないという人も少なからずいる。なぜかと訊くと、自分のせいで人が死ぬという罪悪感と責任感に耐えられないからだという。確かにスイッチを押せば、なんの罪もない1人の人間を自分の選択で殺すかたちになる（5人の方も罪はないが）。そうなれば、遺族はあなたを恨むかもしれない。

これはいわゆる、「答えのない問題」である。なぜ倫理学者はこんな極端でありもしないような思考実験をもちだすのだろうか（ちなみにこの問題は、人工知能による自動運転プログラムを実装する際に、答えを出さなければいけない問題になりつつある）。倫理学者は、常に困難な事態を想定しておけと訴えているわけでも、どちらが正しいか教えたいわけでもない。

私たちの日常生活において、善いか悪いかという道徳的な判断は、直感的に判断されることがほとんどである。 つまり、悪いかどうかを考える前に、これは悪いことだという直感がある。だが当然、直感は絶対に正しいとはいえないし、人によって異なる場合もある。そこで、直感がうまく機能しない状況をつくり、自分の善悪の基準となっている価値観を反省してもらうために知恵を絞ったのがこの思考実験である。この場合は、全体の被害を最小限にすることを優先する功利主義と、いかなる殺人行為も否定する義務論という価値観の対立を浮き彫りにし、あなたがどちらを優先しているのかを無理やり答えさせようとしている。

これら二つの価値観は日常生活では共存可能だが、この極端な状況ではそうはいかない。事故現場にいたあなたが裁判にかけられたら、きっとこの二つの価値観が争点になるだろう。現代ではスイッチを押す功利主義が優勢のようだから、もしあなたがスイッチを押さないことを選択したのなら、あなたの価値観は普通とは違うということになる。普通と違うなら、それなりの説明をしなければ罪に問われてしまうかもしれない。

トロリー問題には様々な派生系がある。ここでは、犠牲者に関する補足情報を付け加えたいくつかのパターンを想定してみよう（あなたがスイッチを押さない方を選択した場合は、「1」と「5」を入れ替えて考えてほしい）。

・1人の方は総理大臣
・1人の方は自分の家族あるいは恋人

・1人の方はあなたがスイッチを押すかどうかを見ている
・5人の方は作業員で、1人の方は一般人
・5人の方は逃亡中の死刑囚
・5人の方は自殺志願者
・5人の方は自殺志願者かつブレーキを破壊した犯人
・1人の方は自分自身

これらの条件が加わることで選択に変化が生じた場合、そこにあなたが重視する価値観、つまりあなたにとっての「よい生」の基準が見えてくる。思考実験で明らかになったものがあなたの最優先の価値観であるというわけではないが、こうして意識的に自分の価値観を反省するなかで、あなたにとっての大事なものが少しずつ見えてくるはずだ。

答えのある問題に答えると、あなたの知力がわかる。答えのない問題に答えると、あなたという人間がわかる。悩ましい判断を迫られるときほど、自分の価値観が鮮明になる。

そして、**価値観が意識され、言語化されると、そこに矛盾や別の問いも見えてくる。**トロリー問題では、自分の家族や恋人が関わることで行動を変える人は多い。しかし、事故に関わった誰にだって家族はいるのに、なぜたまたまスイッチの近くにいたあなたとの関係性で、生死を分けられなくてはいけないのだろうか。つまりこの場合、個人的な愛情が、社会的な合理性や公平性よりも優先されていることになる。そんな判断をするあなたは、大事な人のためなら犯罪に協力することがあるかもしれない。それは正しいことで、普通なことなのだろうか（ただし、思考実験としておもしろおかしく選んだ答えと、実際にそうなったときの答えが異なる可能性は大いにあることには注意）。

秘技「なんでなんで作戦」

自分自身の価値観を知るための方法をもう一つ紹介しておこう。思考実験は派手な設定で価値観の大枠を問うものだが、より実用的なのはこちらのほうだ。筆者は初対面の人間に自己紹介するとき、「私は哲学者です」という。すると相手からは、奇異のまなざしとともに「なんかすごい」という、よくわからない褒め言葉をいただき、その後「でも哲学ってなんなの？」という質問をされることが多い。よくわかっていないのに褒められていたわけだが、こういう場面で哲学の成り立ちや心理学や宗教との違いを説明しても場がシラけるだけなので、「「なんで？」が3回続けば、もう哲学だよ」と答えることにしている。

「なんで?」こそが哲学の最強の武器である。方法は簡単だ。具体的な現状に対して、「なんで?」を添えて理由を引き出し、それを繰り返すだけでいい。

「なんで今の仕事をしているの?」↓「一流企業で安定しているからね」

「なんで安定した仕事をしたいの?」↓「将来も安心だし、計画も立てやすいからね」

「なんで将来の計画を立てたいの?」↓……

といった具合だ。少しずつ話が抽象的かつ根本的になっていくのがわかるだろうか。現実に対して、こどものように「なんで?」を積み重ねていく哲学の方法を、「なんでなんで作戦」と命名しよう。子育ての経験がある人なら、子供のなんでなんで作戦の煩わしさは知っているだろう。なぜ親はこれを嫌がるのかといえば、面倒だということのほかに、しっかりと答えられないからということもあるだろう。子供に対して、知らない、わからないとは言いたくない。

「なんで?」の対象が、調べればわかるような知識であれば、それを教えてあげればいいが、亡くなった祖父について「なんでおじいちゃんはいないの?」などと問われれば、大半の大人は、ゴマかして話を終わらせる。だが、もう少しがんばってほしい。それが子供のためにも、自分のためにもなるかもしれない。

「安定した将来がいい」という、いかにもな理由を、子供のように「なんで？」を繰り返して掘り下げてみよう。安定を求めるのはおかしくはないが、世の中には、リスクや変化を恐れずに勝負したからこそ得られる喜びもあるし、将来など気にせずにこの瞬間を精一杯生きることで輝く人もいる。あなたがその道を選ばないのは、なんでなのか？

外国人と対話するときのように、全く違う文化や価値観をもつ人に、素朴な「なんで？」を向けられるとき、自分の当たり前が限られた範囲での当たり前にすぎず、絶対ではないことに気づく。異なる価値観に学ぶことは多い。**当たり前に無反省であることは、知らない間に様々な選択肢を捨てているということだ。「なんで？」がそれに気付かせてくれる。**

「なんで？」の連鎖の先に、たとえば「子供を愛しているから」という答えが出てきたとしよう。次に「なんで子供を愛しているの？」と訊かれる。しかし、そこに理由があるだろうか。「種の保存のため」という理由があるかもしれないが、その答えと自分の感情にズレがあれば、『なんで種の保存が大事なの？』と詰めていくことで、この説明は崩れ、結局「ただ子供を愛しているから、子供を愛しているんだ」という、理由にならない理由になっていく。だがそれでいい。というより、それこそが大事なのだ。説明できない価値判断は偏見にすぎない。しかし**「なんで？」を突き詰めた先にある、これ以上は説明しようのない偏**

見は、今の自分の行動を支える、根源的で重要な偏見である。なんでなんで作戦は、あなたの「よい生」を実現するための鍵となる価値観を暴き出す。

「なんでなんで作戦」は自分一人でも可能だ。ぬいぐるみや猫を「なんで?」役にして対話するのもよい。ただし、単純に相手の答えに「なんで?」を乗せても、内容が繰り返しになったり、どうでもよいことに収束してしまったりすることもある。相手の話からどのように「なんで?」を載せるかは、意外と技術が必要だったりもする。問う方も、答える方も、自分の根源的な価値観を反省するということを意識して、少しずつ「なんで」の技術を身につけていこう。

課題:「なんであなたはこの本を読んでいるのか?」から、あなたの根源的な価値観に突き当たるまで「なんで?」を続けよ。

当たり前というリスク——承認欲求と同調圧力——

なんでなんで作戦の有効性を説明したところで、ほとんどの読者が、実際には右の課題すらやらないだろう（やってくれた人は相当見込みがある）。それが現実であり、そこにこそ、重要な問題がある。ほとんどの人は自分の価値観や物事の根本まで考えることに慣れておらず、その必要性を感じてもいない。自分の隠れた価値観を反省する能力があれば、たとえば日頃のストレスや不満が解消できるかもしれないのに、それを理解していない。

自分で考える能力がどのように役に立つのか、その極端な例は災害や事故現場である。緊急事態時のマニュアルやアナウンスは、よく考えられたものではあるが、不特定多数に向けた一般的なものである以上、あなたが今いる場所や状況には対応していないかもしれない。自分や家族の命を守るためには、今の自分にとって何が最善かを自分で考える必要がでてくる。

それがうまくできなかった一例が、韓国で起きた地下鉄火災事件である。300人以上の死傷者のなかには、電車に火が燃え広がっていくなか、十分に避難する余裕があったにも関わらず、車両からしばらく出なかった乗客が多数いた。車内には煙が立ち込めていて、今すぐ逃げなければ死ぬかもしれないのに、なぜ彼らは逃げなかったのか。

理由はいくつかある。まず、鉄道会社の落ち度で、警報やアナウンスがなく、ドアが閉じたままだったので、乗客は手遅れになる前に火災が起きていることを認識できなかった。第二の理由は、乗客のなかで率先して行動する人がいなかったこと。つまり、普通ではない状況のなかで、指示がないまま、どうしてよいか分からず、お互いがお互いの様子をうかがい、誰も動かないなら私も動かないという、心理的「同調」作用が働いたのだ。

「アナウンスも警報もないし、周りも動かないから、問題ないのだろう」という、都合のいい解釈（心理学でいう「正常性バイアス」）で自分を納得させ、冷静な状況判断と少しの勇気を振り絞って脱出するという選択を放棄してしまった。鉄道会社に非があることはたしかだが、死んでしまっては文句も言えない。

この事例は、自分で冷静に考えて行動せずに他人やマニュアルや「空気」任せにしていると、死ぬことさえあり得る、ということを教えてくれる。命を守るためといわれても実感がもてず、いたずらに危機を煽《あお》っているように聞こえるかもしれないが、**生死に限らず、本当に大事な場面では、常識や一般論があなたを助けてくれるとは限らないということは心に留めておいたほうがよい。**それに、普段から自分で考えずに他人や環境に身を任せている人が、大事な場面で急に適切な判断ができるとは考えにくい。

自分で考える能力のない人の価値観は、それぞれが育ってきた環境の常識や当たり前に多大な影響を受けている。**自分の価値観に無反省であるということは、常識や道徳という名で植え付けられた「当たり前の価値観」に無自覚に従っているということだ。**もちろん、それは悪いことではない。常識や当たり前は、多くの人が長い時間をかけて蓄積してきた信頼と実績のある価値観であるから、否定する理由はない。

当たり前のことだが、マナーや節度をもった「常識人」として、他人に迷惑をかけず、世の中のために実直に生きることは、よいことだ。世の中の誰もが憧れるような立派な仕事をするのはよいことだし、安定した収入、高学歴、家庭円満、豊富な人脈などもよいことだ。それらを手にすれば、周囲の人々も自分をすばらしい人間だと認めてくれる。**しかし、その当たり前の価値観が求める当たり前の「よい」は、他の何かを犠牲にしてまで求めるべきものだろうか。**

とりわけ、財産や人間関係などは、あったほうがよいのが当たり前だが、量や安定を求めたらキリがない。そして、どうしても他人と比べてしまう。すると、自分の価値や満足度は、他人よりも上であることや、それを他者に評価されること、いわゆる承認欲求に大きく依存するようになる。しかし、終わりのない欲求のどこかに区切りをつけなければ、満足できずに、不安や自己嫌悪、プレッシャーといったストレスを抱えることになるだろう。深刻な場合は、それが体調不良、コミュニケーション不良、離婚、リストラ、そしてうつ病や自殺という実害につながっていく。

当たり前の価値観は気づいたら従っているようなものだが、それを疑おうとしないのは、煙が立ち込めても逃げようとしない乗客達のように、「みんなそうだから、私もそうしよう」という同調が働き、それがさらに「みんなが従っているのだから、私もあなたも従うべきだ」という同調圧力にまでなっているからかもしれない。当たり前の価値観は、死にはしないまでも、本当はもう現実にそぐわない矛盾したものになってしまっているのに、同調圧力がそれを隠している可能性がある。

終わりのない承認欲求と、変わることを許さない同調圧力、これらが強く機能する社会が本末転倒や矛盾だらけの間違った方向に向かう可能性は高い。歴史上では、民族や国家単位で明らかに間違った当たり前を信じていた時代がある。当たり前だという理由で当たり前に従うことは、「この時代」や「あなた」にとって、最適な判断とは限らない。もしかしたら全員が間違っているかもしれない。少なくとも「当たり前の価値観」が現実において本末転倒していないか、確認する作業はしておくべきだろう。

当たり前に対して無反省であることがいかにリスクのある生き方であるかは、二人の哲学者が教えてくれる。

当たり前の破壊者① ソクラテスの「無知の知」

古代ギリシャの哲学者ソクラテスは、なんでなんで作戦の元祖にして最強の使い手であった。彼は、街中で知識人と呼ばれる人を見つけてはトークバトルを挑み、相手の威厳や気の利いた言葉にごまかされることなく、「なんで？」「なんで？」と子供のようにしつこく質問を続けていく。ソクラテス自身は、自分は何も知らないアホだから教えてくれというスタイルをとり、自分の意見は主張せず、知識人の理論武装の穴を見つけては、ねちねちと問い詰めていく。

ソクラテスの執拗ななんでなんで作戦によって、知識人達は公衆の面前で自らの無知を暴かれていった。その痛快さに若者達は熱狂したが、恥をかき、信頼を失った知識人たちはソクラテスを憎んだ。憎みすぎて、言いがかりをつけてソクラテスを死刑にしてしまった。人々に真実や正義を語り、教える立場だった知識人たちにとって、ソクラテスの暴力的な才能は耐えられないものだった。

ソクラテス被害者の皆様の名誉のために言っておくが、ソクラテスとの対話で、自分の無知を暴かれない可能性はゼロである。なぜかといえば、そもそも人間は無知だからだ。スマートフォンを使ったところで、人間は全てを知る神にはなれない。

ソクラテスがやりたかったのは、単なる嫌がらせではなく、真実を知るために、まず自分たち人間の無知を自覚させることだった。**人間が考える当たり前など、正しいはずがない。なんでなんでと問い続ければ、かならずボロがでる。それゆえ、当たり前を疑うことのできない者は、いつまでも真実に近づくことはない。**自分が無知であることを知っている者が、真実に近い一番の知者であるというのが、有名な「無知の知」である。

情報が溢れる今の時代で、自分に知らないものはないと本気で思う人はいないだろう。その意味で、誰もが自分の無知を自覚している。しかし、無知とは、勉強して得られる知識だけの問題ではない。たとえば、自分自身についての無知というのもある。

自分の能力や価値観は、様々な経験を通して理解できるものだ。自分に適性のある教科やスポーツ、職業などは、やってみないとわからないだろうし、恋愛をして、自分がこんな感情をもつのかと驚くこともある。自分の能力や限界を知り尽くすためには、全てを試さないといけないが、そんなことはできない。自分のことは自分が一番知っているのかもしれないが、それでも知らないことは絶対にある。

どんなに努力し、経験を重ね、偉くなっても、知らないことや、間違えることはある。無知や誤りを認めずにいると、現実とズレて本末転倒に陥ったり、離婚届を残していった妻のように、誰かが被害を受けたりする。人間が無知である以上、知識や経験、対話によって新しいことを知ったら、勇気をもって自分の判断を変更しないと、生き方は窮屈になるばかりだ。**無知の知を前提にするということは、どんな常識や当たり前も、「なんで?」、「本当に?」と疑っていくことで、現実に即したよりよい生き方に近づいていくことである。**

当たり前を打ち破るアイディアが、企業家や技術者の考える能力によって生み出されるとき、それは「進歩」や「革新」と呼ばれる。ところが哲学者は、「真実・正義・美ってなんなのだろう?」、「平等って必要?」、「不倫ってなんでダメなの?」などといった、ちょっと掘り下げすぎな問いや、「世界は本当にあるの?」、「私って誰?」、「存在ってなに?」など、生活に全く役立たなそうな問いについて、新しい答えを得ようと真剣に考えている。だが、思考実験もそうであったように、哲学者たちはこうした「そもそも論」が、実は私たちの生活や価値観のなかにある無知につながっていて、よく生きるための鍵になると考えている。

ソクラテスの弟子であるプラトンの用いた比喩によれば、この世界の人々は洞窟のなかで入り口に背を向けたまま手足を縛られている状態なのだそうだ。見えるのは洞窟の壁に映った影だけで、自分の背中に太陽の光や、それに照らされた実体（イデア）があることを知らず、洞窟の壁と影だけがこの世界の全てだと思い込んでいる。

そんな当たり前の影絵の世界に、考える能力をもった哲学者が現れ、鎖をほどき、外にとび出して太陽を見た。しかし、真実を知った哲学者の言葉を、人々は信じず、排除して、影絵の世界の日常を謳歌《おうか》する。残念ながら洞窟（＝井戸）の外の世界は、自ら考える能力がないと見えないので、力ずくで引きずり出すことはできない。

生まれたときから縛り付けられた当たり前から、全く新しく、真実に近い世界を体験することができる能力をもつ者は、今のところ世間離れした変人として扱われる。

当たり前の破壊者② ニーチェの「奴隷道徳」

歴史や政治を学ぶと、一つの集団が共有している当たり前の価値観と態度が、結果として貧困や格差、戦争や虐殺をもたらしてきたことがわかる。教科書を読んでいると、「そんなことしたら民衆が生活できるわけないじゃん」と、ついツッコミたくなる。なんでそんなものが受け入れられたのかと疑いたくなるが、現代人も「そんなに資源をムダ遣いして環境破壊したら、未来の人々が生活できるわけないじゃん」と、未来の小学生にツッコミをくらうかもしれない。外から見れば明らかに破綻していている価値観や態度であっても、当事者達にとってはただの当たり前なのだ。

ニーチェ（1844–1900）は、国家や文化、時代単位で受け入れられた当たり前の価値観が、自分たちを破滅に導くことを警告していた。しかも、その矛先はとんでもなく広い。彼が捨て去るべきと主張した当たり前の価値観とは、たとえば「困っている人を助けましょう」とか、「平和で平等な社会をつくりましょう」とか、「悪いことをすると、必ず天罰が下りますよ」などである。すなわち、ニーチェが否定するのは、私たちが親や先生から教えられる「道徳」である。

当たり前は、文化によって異なるが、同じ国、同じ民族でも、時代によって変化していく。変化は基本的に、ごく小さな点から生じた新しい何かが、次第に拡がり、やがて大勢になって、一定の期間を経て新しい当たり前になる。その最初の新しい何かとは、例えばイエス＝キリストやブッダである。彼らの価値観や態度が、まず少数の弟子達に拡がり、長い年月をかけて、国家を超えた広大な範囲で受け入れられる宗教となり、その教えが善悪の基準、すなわち倫理や道徳となった。

キリスト教と仏教がなぜ世界のメジャーな宗教になったのかについての歴史的考察はここではしないが、ユダヤ教などとは違い、誰でも信じることで参加できるという点と、日本人のような異文化人をも惹きつける魅力的な教義をもっていたという点が大きいことはたしかだろう。しかしこの、「誰でも参加できて、誰もが信じたいと思うような魅力がある宗教」に疑いの目を向けたのがニーチェだった。

お金に困っている人が、怪しい儲け話につい手を出してしまうように、苦しい現実に追い込まれた人は、救いの手を差し伸べられると、簡単にそれにすがってしまう。弱っている人ほど詐欺師を信じやすい。ニーチェは、ヨーロッパとキリスト教の関係がまさにそれだったと指摘する。

素朴な欲望を満たすことができず、弱肉強食の世界では自分を肯定できない弱者のなかに、クリエイティブな発想をもつ者がいた。彼ら（イエス＝キリストやその弟子達）は、困難な状況にいる自分や人々を救いたいという善意から、新しい物語を考え出した。その物語では、弱肉強食とは違う、隣人愛や質素倹約、平和や平等、そして「信じるものは救われる」といった価値観が採用された。

この価値観は、弱い人間を弱いまま肯定し、金や権力や暴力でやりたい放題の人たちや、家系や才能や美貌だけで努力もせずに利益を貪る人たちといった、弱肉強食の強者たちを否定する。すなわち、**強さが悪となり、弱さが善となる大逆転の物語だ。圧倒的多数の弱者達**

は、この大逆転の物語に飛びついた。それがやがて、宗教となり、国教となり、当たり前の道徳となった。

しかし、こんな怪しい儲け話があってよいのだろうか。ニーチェは、このクリエイティブで魅力的な物語をつくりだした原動力は、弱者が強者に対して抱く妬《ねた》みや恨みであるという。そして、努力して強者になることを諦めた弱者のネガティブで攻撃的な感情がつくりだした価値観を、「奴隷道徳」と名付けた。もちろん、動機が不純であろうと、そこからすばらしいものが生まれることもある。しかし今回はダメだ。なぜなら、**弱い自分達を肯定したいあまり、彼らは現実をねじ曲げ、神や死後の世界という、ありもしない事実をねつ造してしまった**からだ。

神の存在はいちおう事実の問題である。神が世界をつくり、預言者や聖書を介して善悪を示し、この世界と死後の世界を管理していることになっている。長いあいだ、神はがんばった。神の存在を疑いたくなるような悲劇が起きても、物語と現実のズレをなんとかごまかし続けてきた。しかし、それももう限界に達した。ついに人々は神の存在を疑い、信仰をもたなくなった。価値観を支える根本的な事実が崩れ去った。それが現代という時代であり、それが「神の死」と呼ばれる事態である。

だが、ニーチェの刃はここで止まらない。彼は、神を信じていない現代人も、道徳や文化、常識というかたちで、いまだに奴隷道徳に依存していると警告する。「自業自得」や「不思議な縁」といった宗教用語がまだ残っているとか、そういうレベルではない。真実、平等、平和、進歩といったものを、当たり前によいものだと思っているなら、あなたはいまだに奴隷道徳に縛られているのだ。なぜなら、それらは神や死後の世界なしには成立しえない価値観だからである。

科学や技術が「この世界にはたった一つの真実がある」とか、「人間は着実に進歩している」と考えるのも、ヨーロッパの一神教的な発想を前提としている。実際には、ただの混沌があるだけかもしれない。人間は場所やかたちを変えていつまでも争い続けていて、平和が訪れる気配はない。憧れや劣等感で行動する人間という生物を自由にさせると、格差を生むばかりだ。そんな矛盾を抱えているにもかかわらず、**真実、平等、平和、進歩といった「幻想」を信じたいのは、それがないと耐えられないくらい、あなたが弱いからかもしれない。**

神は死んだのに、神の幻影に依存しているという矛盾に、現代人はいまだに気づいていない。むしろ神がいない分、現実と価値観のつじつまの合わなさは増しているはずだが、それに気づくには、もう少し時間がかかるようだ。こんな中途半端な時代の当たり前は、ニーチェと未来の子供たちにとって、ひどくバカげて見えるかもしれない。

4　思考と実践の終わりなきサイクル

事実先行型の変化

ニーチェの批判はあまりに辛辣《しんらつ》で、すぐには同意できないだろう。神や死後の世界が、弱者の妬みからきたねつ造だという証拠はないし、平和や平等、進歩が夢物語だと言われても、そんな破壊の物語を説くニーチェこそあやしい（実際、ニーチェは生前ほとんど評価されず、怒りや妬みを爆発させていた）。ひとまず、ニーチェの言っていることが正しいかどうかは置いておこう。

ソクラテスやニーチェの話で理解してほしかったのは、価値観（に基づく態度）と現実のズレによる本末転倒は、当たり前や常識、国家や歴史のレベルでも起こりうるということである。だからといって、あなたが大哲学者になって時代の誤りを発見してくれといいたいわけではなく、あなたがよりよく生きるためには、当たり前を疑うという反省意識をもつことがとても大事だということがわかってくれればよい。当たり前の価値観とあなたの価値観の癒着しきった関係に一度は隙間をつくらないと、現実とあなたに見合った価値観が見えてこない。

当たり前の価値観の変化のはじまりとして、イエス＝キリストとブッダを例にあげたが、宗教的価値観による変化というのは、歴史的には、どちらかというと例外に属する。基本的に当たり前の価値観の変化は、当たり前の延長からはじまる。たとえば、「もっと生活を豊かにしたい」、「もっと生産性と安全性を向上したい」、「もっと人とつながりたい」、「本当のことを知りたい」、「戦いに勝ちたい」といった、とても素朴で当たり前な願望を突き詰めていくところから、誰かが革新的な技術や法則を発見する。それを現実に応用することで、今までとは違う生活スタイルが生まれ、その魅力に人々が賛同し、拡大することで、新しい社会と、それに基づく新しい価値観が現れる。

産業革命やインターネットを想像してほしい。それらはまず、新しい価値観ではなく、新しい現実をもたらした。つまり、**現実の物理的、技術的な変化が先で、それに適応するような価値観が後から形成される**。価値観を伝導して世界を変えた宗教とは順番が逆なのだ。

技術の発展が著《いちじる》しい現代になるほど、価値観よりも事実先行型の変化が増えている。目まぐるしく変化する現実に、何が正しくて何が悪なのか、価値観の方がついていけずに振り回されるのは、インターネットを巡る法規制や倫理的対応の遅れを見ればわかる。おまけに現実の変化は、かつてはそんなこと考える必要もなかったような価値判断まで求めてくる。脳死やクローン、自動運転を巡る倫理問題などがその例だ。

価値観先行型に対して、事実先行型の変化は、全体や将来性が不透明である上に、表面化した現実問題に即座に対処する実務性が必要になるため、どうしてもその場しのぎになりがちである。目先の問題解決に重点を置く価値判断は、より大きく長期的な枠組みにおいては、誤った判断になってしまうことは多々ある。ごく小さなズレが、やがて大きな間違いをもたらすこともあるだろう。

また、グローバリゼーションや情報化社会という現実の変化によって、様々な文化の人々との交流が進み、価値観の多様性を実感する機会が増えてきた。**多様性のなかでお互いがうまくやっていくためには、世界中の人々をひとつのあるべき価値観に統一するのではなく、それぞれの価値観を尊重し、共存していくことが必要だと考えられるようになった。**自分の当たり前は、絶対的に正しいものではなく、いくつもの（尊重されるべき）当たり前の内のひとつにすぎない。

井戸の中の世界の変化や拡張が、隠れた価値観、当たり前の価値観の存在に気づかせ、客観的に比較吟味する機会をもたらすこともある。

違和感に気づけるか——最初にして最大の難関——

少しスケールの大きい話になってしまったので、身近な生活からも考えてみよう。高級フレンチレストランのディナーに招待することは、恋人との素敵なデートの定番である。お金はかかるかもしれないが、だからこそ価値がある。

定番のものなら、今の恋人も、次の恋人も喜んでくれるだろう。定番とは、誰もが幸せになれる最大公約数であり、相手のことをあまり知らなくても、考えなくてもいい便利なものだ。

誕生日、恋人に2駅隣のちょっと汚いカレー屋へ連れていかれる。恋人が嬉々として教えてくれることには、店主は30年間にわたり各地（フランスやらインドやら）で修行を続け、試行錯誤の末、ついに至高の一品にたどり着いたそうで（仕込みに3日かかる）、先月の開業と共に密かに話題になっているとのこと。値段は800円らしい。目の前にカレーがやってくる。恋人と一緒にいただきますを言って、一口ほおばる。たしかにおいしい。すごくおいしい。このひとときは、幸せである。

誕生日にカレーとは何事かと人は言うかもしれない。しかし、祝われた人が無類のカレー好きで、しかも仕事の疲れで（明日も仕事で）遠出したくないということを、恋人がわかってくれていたのだとしたら、どうだろう。

おそらく、高級フレンチでも幸せな時間を過ごせただろう。雰囲気もお値段もそちらのほうが誕生日っぽい。しかし、口には出さないが、こちらの忙しさや体力的な負担を考えてくれて、近場で通えそうなお店を調べてくれた恋人の苦労と愛情が感じられたので、この日のバースデーカレーは、二人にしか味わえない、特別な幸せをもたらした。

「よく生きる」ためのヒントはここにある。定番や人気No.1もうれしいが、自分に合わせて選んでくれたものは、その気持ちや労力込みでうれしくなる。性格、仕事、収入、財産、出身、趣味、特技、交友関係、身体的特徴、家庭環境、学歴、体調、悩み、夢、食べ物の好き嫌い、癖《くせ》などなど、相手のことを知れば知るほど、それら一つ一つが結びついて、個性が見えてくる。定番ではないが、この人がいちばん喜ぶものは何かと考える作業に終わりはなさそうだ。

雑誌や映画に出てくるような、誰もが憧れるかたちでなくても、自分に合った服や、友達や、ライフスタイルを選べれば、自分らしく生きられる喜びがあるだろう。たしかに、プレゼントだって人生だって、定番をこなせば幸せになれるだろうが、そこで、「なんか違う」、「本当にこれでいいのか?」、「これ、私じゃなくてもいいんじゃないか?」、そんな、否定ともいえないくらいの、うっすらとした違和感が湧いてくることはないだろうか。

この違和感が、哲学をする上でとても重要なのだ。なぜならこの**違和感は、当たり前の価値観と自分自身の生き方の間にズレがあることの証拠**だからである。

代表的な違和感といえば、敷かれたレールを走らされることに抵抗する思春期や、月曜日の朝の目覚めや、毎朝の通勤ラッシュである。繰り返される毎日の「当たり前」、「定番」、「仕方がない」のなかにある、明確な言葉にならない違和感は、自分らしい生き方に変化するための最初のきっかけになる。

自分らしさとは、他人と違うことではない。自分と現実に即した価値観で行動することが、自分らしさである。他人や当たり前の価値観では、自分とのズレがあり、それが違和感というかたちで現れる。自分らしくあるためには、自分で決めればいいということではなく、隠れた価値観を自覚し、反省しながら、ズレを直さなければならない。

そのためにはまず、違和感を自覚することが重要だ。そしてこの違和感に対処することができれば、現実とのズレが無自覚なストレスをもたらしていたことや、自分で自分の可能性を狭めていたことが実感できるようになり、「もっと早くこうしておけばよかった」と思うようになるだろう。

しかし、価値観と現実のズレがもたらす違和感は通常、自覚されないか、忙しい毎日によって押し殺され、漠然としたストレスとして肉体に蓄積されている。**日常の違和感に気づけるかどうかが、よく生きるための最初の関門になる。そして、この違和感に気づくためにもまた、哲学の能力（センス）が必要になってくる。**違和感への気づきは、よく生きるための最初にして最大の難関である。

哲学ご利用プラン――お客様の未来のために――

哲学のメリットを説明しようとすると、どうしても話が抽象的かつ壮大になってしまう。しかし、それでは哲学が、この世界の真理をとらえ、悟りを開くような、特別な能力をもつ人にしかできないもののように聞こえてしまうかもしれない。そうなるとやはり、スマートフォンを購入するようには、簡単に手を出せるものではないという印象になってしまうだろう。

哲学の実際は、それほど劇的なものではない。むしろスマートフォンを購入するくらいの気軽さで手にとってほしい。そこで、「哲学ご利用プラン」というものをつくってみた。日常生活のなかでどのように哲学をすればよいのか、そのイメージを理解していただき、関心をもてたなら、契約内容をご確認の上、最後に署名をいただければと思う（既に購入をご希望のお客様は、以下のプランは契約同意書を読むつもりでさらりと読み飛ばしていただいて構わない）。

哲学ご利用プラン

基本使用料：0円

入会金：本書の購入代

解約金：0円（いつでも解約可）

オプション：各自負担（知識・対話・経験のための書籍、講演会、飲み会、旅行費等）

※オプションで得た知識や他人の意見は、自分が考えるための補助としてのみご使用ください。服従は推奨いたしません。

新規ご利用のお客様には、自分とは違う当たり前を知ることをお薦めします。

ステップ０：無知の知を自覚する

哲学のご利用をはじめるにあたり、ご自身の無知を自覚しましょう。程度の差こそありますが、人間全員が無知なのでご安心ください。また、知識量ではスマートフォンには勝てません。わからなかったら素直に調べたり人に訊いたりましょう。無知を自認すると、知ったかぶりするよりも圧倒的に自由になれます。

ステップ１：違和感をもつ

ご自身の価値観と現状にズレがある際に、違和感が生じますので、それを自覚してください。忙しさや慣れは、気づきを妨げますのでご注意ください。

「現状をどうにかしたい」という強い気持ちがないお客様も、この違和感さえお持ちになれれば、哲学をご利用いただくことができます。

※哲学のご利用を続けますと、違和感センサーの感度が向上しますが、その際に幸福センサーの感度も向上する場合がございます。

ステップ２：問う

違和感に気づきましたら、それを「なんで？」等の問いのかたちで言語化してください。ただし、違和感の正確な言語化は不可能とお考えください。断定ではなく問いのかたちにして、問いを続けていくなかで、違和感の実態に正確に迫ることができるようになります。

※違和感と問いは同時発生する場合もございます。

※感覚を言語化することに抵抗感がある場合、業態は異なりますが、言語を使用しない瞑想や修行といった哲学のかたちもございますので、本契約は破棄して、お近くの寺院等をお訪ねください。

ステップ3：答える

先ほどの問いに答えてみましょう。ほとんどの場合、計算問題のような唯一の答えはありません。答えはいくつも考えられるし、学べば学ぶほど選択肢も増えていきます。そのなかでどれを選ぶかは、お客様の価値観次第となります。

※答えるにあたり、お客様の事実認識と価値観を吟味するために、ご自宅で独り考え込むだけでなく、他者と対話することをお薦めします。

ステップ4：実践する

問いの答えを、実践してください。考えるだけでなく、行動が伴わなければ、よく生きることはできません。多少の勇気や忍耐が必要となりますが、些細な行動からでも構いませんので、ご自身の思考を現実化する習慣を身につけましょう。お客様らしい生き方のはじまりです。

ステップ5：ループさせる

実践して終わりではありません。実践した後に、違和感センサーの感度を上げて、新たな違和感を発見してください。誠に失礼ながら、お客様が考えて行動した結果が、完璧であるはずがございません。必ず違和感を覚えるべき何かがございます。

※見つからない場合は、正直に話してくれる他人に相談してみましょう。

無事、新たな違和感を発見することができたら、それ

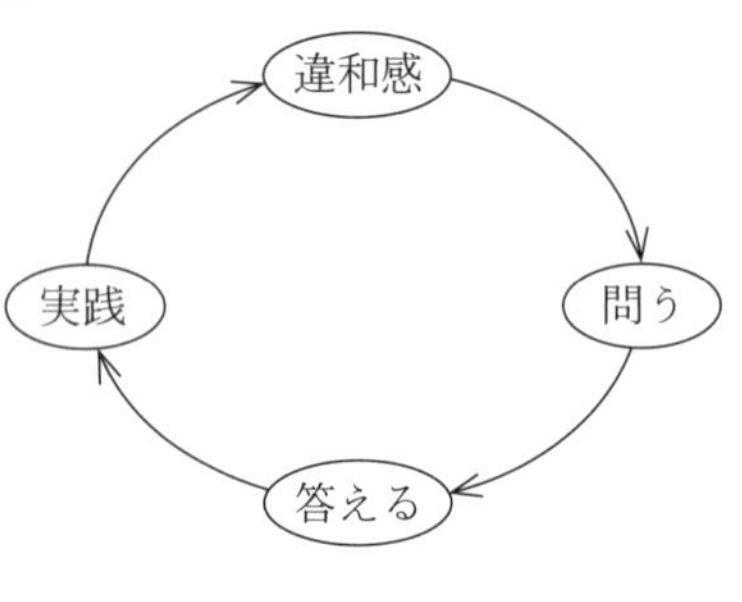

哲学ご利用イメージ

を問いにして、答えを考え、実践しましょう。その実践からまた新たな違和感に気づき、問い、答え、実践と、ループさせます。これをもって哲学のご利用が常態化します。

お客様の未来のために　——for your bright future——

「生きる意味とは何か？」や「本当の自分とは何か？」といった哲学的な問いは、以上のループにおける問いとして利用可能ですが、この問いの答えをだすことが哲学の最終目標ではありません。**ゴールを目指して進むのではなく、問いと答えと実践を繰り返す無限に続くサイクルそのものが、哲学です。「よく生きる」というのは、ゴールに辿り着いてはじめて得られるものではなく、常に自らを更新していくプロセスそのもののことを意味します。**

※大学等で行われている「哲学研究」は、本契約内容とは業態が異なりますので、ご希望の際は、指導者を吟味の上、入学試験の準備をはじめてください。

これらのステップはそれぞれにセンスが必要です。違和感センサーの感度を高め、適切な言語化のために経験と語彙力を増やし、よい答えを出すための知識や発想力を磨き、実践するための行動力をもたなければなりません。

誠に遺憾ながら日本人は、これらの能力を磨く教育的機会に恵まれておりませんが、難しく考える必要はございません。ほんの些細な違和感や「なんで？」から上記のサイクルに入り、ご利用を継続することで、楽しみながら自然と考えるセンスが身についていきます。

上記内容をご確認の上、哲学することにご賛同いただけましたら、ご署名をお願いします。

署名（　　　　　　　　　　　）

第2章　よく生きるための死生観

1　世界と私の奇妙な関係

あなた色に染まった世界

哲学の基本的なやり方を理解したら、次はその成果であるよりよい生がどんなものであるかを示していこう。様々な可能性があるので、共感・反発しながら自分の価値観について考えてほしい。

本末転倒せずによく生きるためには、まず現実を知る必要がある。知識を得るだけで、自分の間違いに気づき、生き方が大きく変わることもある。まずは、誰もが共有できる知識を整理してみよう。

この世界はビッグバンという出来事からはじまったらしい。それから130億年以上たっていて、宇宙は膨張を続けているらしい。そして、宇宙に何兆個とある銀河のなかのとある銀河の片隅の星で、細胞でできた生物が誕生し、その40億年後に人類（ホモ・サピエンス）が現れ、その20万年後にあなたが産まれたらしい。そしてあなたは、生物として長くても100年くらいで死ぬらしい。実際にその全てを見たわけではないが、信用できる世界の事実として現代人はこの知識を受け取っている。

宇宙に関する事実から考えると、人一人の存在など、あまりにもちっぽけに思えてくる。夜空の星を見上げると、自分が抱えている日常の悩みなど、どうでもよいものに思えて、気が楽になる。しかし、夜が明けて朝が来ると、私たちは宇宙のことを忘れ、目の前の仕事や家族といった、宇宙規模ではちっぽけにもほどがあることに夢中になる。

一つの事実にも様々なとらえ方がある。あなたが愛の告白をしたとしよう。それはお互いにとって感動的な出来事かもしれないが、生物学的に見れば人間の求愛行動であり、言語学的に見れば日本語の発話であり、物理学的に見れば声帯と空気の振動である。そのどれもが事実である。宇宙規模で考えるということは、あなたの愛の告白を単なる空気の振動ととらえることに近い。愛の告白は、宇宙規模では「極めてちっぽけ」だが、二人の間では「とても大切」であり、二つの価値判断は、視点が異なるだけで、矛盾しているわけではない。
愛の告白を宇宙規模で考える人はあまりいないが、告白が失敗したときは、宇宙に思いを馳せ絶望から逃れようとすることもある。**価値判断や感情は、ひとつの現実をどの視点でとらえるかにも依存する。それを踏まえると、よく生きるために現実を知るということは、多くの事実を知ることのみならず、様々な視点をもつことでもある。**多面的に見ることができれば、できることの選択肢も増えていく。

「〇〇してみる」という言葉からもわかるように、人間は「見る」こと、すなわち視覚に頼りがちな動物である。だが、視覚だけがこの世界を正しくとらえているわけではない。視力がほとんどないコウモリは、音の反響で外界の情報を認識するので、暗闇でも自由に動くことができる。犬の嗅覚もそうだが、五感に関して人間より優れている生物はいくらでもいる。その上で、人間（の健常者）の認識する世界が、ありのままの世界をとらえているといえる理由などあるだろうか。

カント（1724–1804）という哲学者は、人間には、世界を認識するための人間独自のフィルターがあるという。そのフィルターとは「時間と空間」であり、人間は何かを認識するときには必ず時間と空間を含めて考えるというのだ。ここでカントが言いたかったは、**人間には**

世界そのものをフィルターなしに認識することはできないということ、そして、人間はフィルターを使って世界を都合よく加工しているということである。

つまり、人間の認識システムでは、スマートフォンの写真アプリのように、全部が最初から「いいかんじ」に加工されていて、フィルターなしモードが搭載されていない。生物学的にいえば、眼球や脳が無意識に情報を処理して、生存や生活に有効（いいかんじ）なかたちに修正してくれている。ちなみにその加工処理をやりすぎて失敗するのが「錯覚」である。

何かを知るときには、世界のありのままを受け取るのではなく、自分の都合のいいかたちに能動的に加工している。人間は視覚、コウモリは聴覚で世界を加工するのが得意だ。

時間空間が人間共通の絶対に外せないフィルターであるかは置いといて、世界を加工するフィルターのなかには、生きていくなかで人それぞれ個別に仕立て上げたものもある。たとえば「人に迷惑をかけてはいけない」というフィルターである。このフィルターをかけると、どうすれば迷惑をかけないで済むか、という視点で世界を見ることになる。他にも、物事を「善悪」、「好き嫌い」、「美醜」、「勝敗」、「敵味方」のどちらかに分けようとするフィルターや、「価格」、「信頼性」、「有用性」といった視点で評価しようとするフィルターなど、人によってフィルターの数や種類、性能が異なるので、同じ事実でも様々な認識・判断が生じる。

すなわち、**各々がもっている価値観というフィルターによって、あなたの目に映る事実は最初からあなた色に染まっている。**そのフィルターは個性とも、偏見ともいえる。経験を積み重ねるごとに、自分なりの加工が進み、フィルターが何重にもなり、世界はますますあなた独自の色に染まっていく。

フィルターを全て取り外すことはできないし、膨大な情報の中から必要な分だけを抽出することは生存戦略上必要なことだ。ただし大事なのは、このフィルター選びを自分の意思でやっているとは限らないという点だ。無自覚にフィルターを重ねることで、どうしようもなく狭くて偏った認識しかできなくなり、自分自身を苦しめてしまうこともしばしばある。その極端な例が自殺であり、そのフィルターはもはや世界を真っ黒にしか見えなくさせているのだろう。

フィルターのカスタマイズができなければ、世界も自分も歪んでいく。**自分がどんなフィルターをかけているかを自覚し、ある程度は意識的に着脱できるようになると、認識の幅が増えていく。それはよく生きるために必要な能力である。**

死生観とはなにか？

「時間と空間」を考えることが、よく生きることに関わるとわかる例が、「明日世界が滅びるなら何をする？」という思考実験である。明日で世界が終わるなら、仕事もダイエットも忘れて、好きなことをするだろう。つまり、「世界があと一日しかない」という時間空間に関する意識が、あなたにとってのよい生き方を変える。おそらくこれが明日でなく、一か月後、一年後、十年後でも、それぞれ今やりたいことは変わるだろう。

今なにをするのがよりよい選択なのかを考えるときに、人間は未来や過去について考える。目の前にケーキがあっても、太っていた頃の自分や、痩せている自分を想像して我慢することもできる。一つ一つの音のつながりが全体となって美しいメロディになるように、今の行動やそのよしあしを決めるには、この瞬間だけではなく、過去や未来とのつながりが重要なのだ。

目先のことしか考えない人は、結果的に失敗や本末転倒に陥《おちい》りやすいのは事実だろう。大きな失敗をして後悔したときには、もっと先のことを考えたり、過去の経験を踏まえたりすればよかったと実感するだろう。長期的かつ広範囲に物事を考えると、失敗が減るだけでなく、自分の態度に一貫性が生じるので、迷ったり悩んだりすることが減っていく。

これまで歩んできた過去と、現在の状況、そしてこれから歩み、やがて死によって終わる未来を合わせた時間空間の全体が「人生」と呼ばれる。そして、**人生をどう理解し、その時間空間をどう生きたいかを考えたものを「人生観」と呼ぶ。**

ただし、人生を考えるには、自分の人生だけを考えればよいというわけにはいかない。あなたの人生のすぐ近くには、別の人生がある。あなたより先に産まれ、あなたを産み、おそらくあなたより先に死んでいく両親の人生。あなたが死んだ後も生き続け、その成長によって喜びをもたらしてくれる子や孫たちの人生。そうした他者は、自分の人生に強く関わるだろう。さらに、特定の他者だけでなく、先祖代々の血統や、国家や組織、人類といった単位で、それらに対する貢献に自分の生きる意味を見出すこともあるだろう。

このように、**他人の人生や社会との関係を意識すると、自分が産まれて死ぬまでの時間空間からはみ出して、より広範囲な時間空間の枠組みで人生を考える必要がでてくる。**「自分の生まれてきた意味」とか、自分の「役割や義務」を考えることは、おおげさに言えば、歴史という時間空間のなかに自分を位置付けて価値を見出すことだ。

ところで、あなたが死んだ後の時間空間とは、あなたのいない世界のことを指すのだろうか。そうとも限らない。あなたの魂はこの現実世界とは別の世界で新たな時をすごすかもしれない。生きている限り答えはわからないが、もし死後の世界があるのなら、この世界の立ち位置も変わるので、人生観も変わってくるだろう。**他の世界が存在する可能性を含めて、世界という時間空間をどう理解し、どう意味づけるかを考えたものを「世界観」と呼ぶ。**

本書では便宜上、世界観を、（死後の世界を含む）世界についての事実認識に限定し、価値観による世界の意味づけを含めないこととする。さらに人生観は自分が産まれて生きて死んでいくまでの時間空間に対する事実認識と価値判断とし、死後の世界や歴史的視点での事実認識と価値判断を含めないことにする。その上で、**歴史全体や死後を含む全ての時間空間についての事実認識とその意味づけを考えたものを「死生観」と呼ぶこととする。**

今後の話をする上で、世界観、人生観、死生観と分けて考えると説明がしやすいための措置なので、あまり気にしなくてもよいが、「世界観」といったときには価値観が含まれていないということだけは意識してほしい。

一般的に死生観というと、「死後の世界がどのようなものか？」、「死ぬ時までに何をしておくべきか？」、「どのようにしたら楽に死ねるか？」といった、死の準備や死後の世界についての見解として使われることが多いが、あえていえばそれらは「死観」にすぎない。

死生観（あるいは生死《しょうじ》観）という日本語が示す通り、死を考えようとすると、必ず生が問題になる。そして、自分の生と死を考えると、他人の生と死や、世界のあり方も考えることになる。**死生観は、全時間空間を意識した認識と価値の基準であるから、必然的にそれは、あなたが生きる上での行動指針となる。すなわち、確たる死生観をもてば、「今、ここ、私」が何をするべきかが見えてくる。だからこそ、様々な事実や価値観に触れながら、自らの死生観を育むことは、よく生きることに直結する。**

死後の世界はあるのか？——科学とラプラスの悪魔——

「死後の世界はあるのか？」という問いは、事実の問題なので、あるかないかのどちらかひとつなのだが、ご存知の通り、どれだけ調べても答えは出ない。だが、答えがわからないからといって、答えがないわけではないし、答え合わせができないからといって、答える意味がないわけでもない。

実際に、宗教が死後の世界を語ることで人々の価値観や生き方を変え、救いへと導いたように、確かめようのない問いに答えることがもし、よく生きることにつながるのなら、やはりそれは答えるべきだろう。ただし、ニーチェがキリスト教を批判したように、自分たちに都合のよい夢物語を答えにすると、やがて現実と矛盾して破綻するおそれがある。

死後の世界の真実については、多くの解答がある。ここではそのなかで、現代人が現実を正しくとらえていると信じている科学的世界観に注目してみよう。科学的な世界観といっても様々な意見や理論があるが、死後の世界を明確に否定する科学者は多い。というのも、神や魂やあの世があると証明する科学的根拠はなく、それらなしに世界を説明することができるからだ。では、科学的世界観は本当に正しいのだろうか。

我々が現在、科学という言葉でイメージするのは、物理学や天文学、生物学や化学のような、専門的には「自然科学（natural science）」と呼ばれるものである（本当は人文科学や社会科学など、科学はもっと広い領域をもつ）。この**自然科学の特徴は、「観察と実験」という経験を基礎にすること、つまり実際に確かめたものだけを正しいとする点である。**物事の法則を考えるにあたり、神や神話や当たり前の習慣に甘えないのが、近代以降の自然科学である。

その有名な例が、「重いものの方が早く落ちるに決まっている」という当たり前を疑った、ガリレオのピサの斜塔の落下実験である。他にも、もし地球が太陽の周りを回っていたら、遠心力で人間が立っていられるはずがないと考えるのが当たり前だが、天体観測によって地球が動いていない方がおかしいことを示した地動説などもある。そんなふうに地道なデータ収集をすることで、科学は次々に当たり前を打ち破り、地球を自転公転させ、人間を猿の仲間にし、今日ではそれが新しい当たり前になっている。そして現代人ともなると、「科学的に証明された」という言葉を聞くと、もはやそれは真実と同義だと考えるようになっている。綿密な観察と実験を繰り返し、重力加速度がおおよそ9.8m/s^{2}であるとわかると、落下するリンゴが何秒後にはどのくらいのスピードでどの場所にあるのかが計算可能になる。「法則と計算」があれば、実際に観察しなくても、物質の状態を予測することができる。科学は、重力以外にもこの世界の様々な法則を見つけ出し、予測をすることで、明日の天気も、何百年に一度の流星群の到来も予言することができる。これが科学の力である。

ここでひとつ、「ラプラスの悪魔」という話を紹介しよう。人によっては一生忘れられない呪いとなるような怖い話だ。科学は、この世界のあらゆる法則を解明しようとしているわけだが、そこには、この世界の運動は全て物理法則に基づいているという前提がある。つまり、霊やオーラや神の奇跡といった物理法則に反する超常現象は認めないということだ。では、この前提を採用してみよう。そして科学は、宇宙のはじまりはビッグバンだということも突き止めた。つまり、ビッグバンから宇宙はずっと物理法則に従って動いていることになる。

慣性の法則とかエネルギー保存の法則とか相対性理論とか、よくわからないがそういったものに従って宇宙は運動しており、ビリヤードの玉が他の玉にぶつかって複雑な連鎖反応を起こすように、宇宙の膨張が連鎖して太陽系ができ、地球ができ、地球の表面に水やら大気やらができて、生物ができ、人間ができ、あなたができた。そして、あなたも世界の一部である以上、あなたの全ての行動は物理法則に従っているのであり、感情とか意識といったものも、脳を中心とした神経細胞ネットワークの電気信号という物理現象にすぎない。

するとどうだろう、重力加速度がわかれば2秒後のリンゴの状態を見なくても計算してわかるように、全ての物理法則を知っていれば、ビッグバンから137億年後の物質の状態を、見なくても計算してわかるのではないだろうか？　もちろん、人類はまだ全ての物理法則を知らないし、知ったとしてもこの世界の全物質の状態を知って、それを法則に当てはめて計算することなどできないだろう。では、人間よりも、スーパーコンピュータよりも優秀で物知りな悪魔だったらどうだろうか。

この世界が物理法則に従うのなら、優秀な悪魔は「法則と計算」によってビッグバンの時点でこの世界の未来を予測できる。数学者の名をとって「ラプラスの悪魔」と呼ばれるこの人外の頭脳は、過去137億年間の出来事も、今あなたが着ている服の色も、百年後の日本の総理大臣も、計算するだけで知ることができる。

もちろん、こんな悪魔がいる可能性は低いが、この話の恐ろしいのは、「全ては予測可能だ」ということではない（それくらいならAIでもある程度はできる）。問題は、予測しようがしまいが、結果は物理法則によって全て決まっているということだ。一度動き出した世界は、普遍の物理法則に従うので、偶然も奇跡もない。ビッグバンから137億年後の今の世界の状態は、すべて物理法則の結果として必然的にこうなったのであり、こうならない可能性はなかったということだ。物理法則を変えない限り、2秒後のリンゴの運命を変えることはできない。

つまり、**この世界で起きることは、ビッグバンの時点で全て決まっていて、私たちは選択の余地なく、物理法則に従って運動しているにすぎない。他の選択肢がないのだから、人間に自由などあるはずがない。**あなたがこの本を読んでいるのは、あなたの自由意思ではなく、ビッグバンからビリヤードの球が連鎖するようにして必然的に起こった物理現象の結果にすぎない。

このように、科学を突き詰めると人間の自由や偶然がなくなってしまう。「決定論」と呼ばれるこの世界観は、自由に行動し、偶然に左右されている日常の感覚と大いにズレている。産まれる前からあなたの人生はあらかじめ決まっていて、結婚相手を選ぶのは自分でも親でもなく、物理法則である。あなたはそれに納得できるだろうか？（納得できないこともビッグバンの時点で決まっている！）。だが、科学を信じるとはそういうことだ（最新の科学である量子力学では、決定論の必然性は否定され、極小レベルの物質の偶然性が認められるが、果たしてそれが人間の自由を保障するのかは疑問である）。

話を死後の世界に戻そう。人間は科学の名の下に、観察と実験によって世界を知ろうと努力してきた。逆にいえば、科学は経験したものからしかはじまらないということでもある。もちろん、経験していない未来や、観察していない過去の原因を推論することはできるが、その予測の元をたどれば、様々な経験がそこにある。科学を基準にする医学も、過去の膨大な患者と治療のデータという経験知があるから、あなたの病気を特定し、治療することができる。

ところが、死後の世界はどうだろう。誰か死後の世界に行って観察してきた人はいるだろうか。もしそんな人が名乗りでたとして、どうやってそれを証明できるのか。死後については、信用できる観察データが1つも取れない。つまり科学は、「実際にやってみる」ことで、死んだらどうなるかを判断することができない。

そこで科学は、死の周辺の出来事、つまり他人が死ぬとか、気絶するとか、死にかけるとか、死体を解剖するとか、そうしたことで死や死後のことを知ろうとする。だがそのデータはいずれも生の世界の経験であり、死そのものの経験ではない。たしかに、科学は死後の世界などなくても世界をうまく説明できるが、外堀（この世界の経験知）をどれだけ埋めても、肝心の死の世界はまったくこの世界と違う理屈で動いているかもしれない。

科学は見えるものしか見ない。だからこそ、見えないものの存在については、肯定も否定もできないのが原則である。**死は経験できないので、経験からはじまる科学とは相性が悪い。**

厳密にいえば、科学は死後の世界を否定できない。だが、多少の価値判断が入り込んでいるにしても、死後の世界がないと考えるのが妥当な推論であることには変わりないし、多くの現代人はこの見解を支持するだろう。では科学的な世界観を、この世界を正しく認識するものとして信じてよいのだろうか。科学は現代人に莫大な恩恵を与えてくれたので、信じたくなる気持ちはあるが、科学に寄り添って「死後の世界なんてあるわけない」と笑えば、「だったらお前の自由もないぞ！」と、ラプラスの悪魔が笑うかもしれない。

2 よく生きるための死生観――コース別ガイド――

死後の世界とか死生観とかいわれても、あまり興味をもてない人がほとんどだろう。哲学と同様、死生観の重要性を客観的に説明するのは難しい。そこで、説明はさておき、「人生の指針になるほどの確たる死生観」がどのようなものでありえるのか、そのバリエーションとメリットを簡単に紹介しよう。知らない国の旅行ガイドブックを楽しむ程度の感覚で、少しでも興味をもってもらえればありがたい。死生観といってもあまりに多様すぎるので、ここでは代表的なものだけを扱うことにする。便宜上、死後のあり方に対する世界観ごとにコースを三つに大別し、それぞれのパターンを紹介することにする。あらゆる死後の世界観は、これら三つのいずれか、あるいはこれらの混合といっていいだろう。

コース①：別世界への移動

別世界とは、この世（現世）とは違う世界である。代表例は天国と地獄であり、ほかにも全ての死者たちが集う冥界《めいかい》や、パラレルワールドのような異世界もある。

この世界観において、**死は、この世界と別世界との間にある扉の役割を担う。つまり死は、**

終わりではなく、移動である。そして、引っ越し先の状況に応じて、現世での生や死のもつ意味合いが変わる。

1－1．この世∨あの世

死後の世界が現世よりも悪い世界である場合、その死生観はおのずと、可能な限り現世に留まりたいという「現世主義」になっていく。

日本の古事記やギリシャ神話で描かれる死者の世界は、地獄のような苦役こそないものの、穢《けが》れをもった醜悪な世界として描かれている。古事記に登場する夫婦の神、イザナギとイザナミは、地上に降りてこの世界をつくった「国生みの物語」で有名だが、妻のイザナミが出産時に死んでしまい、悲しみに暮れたイザナギが愛する妻を救いに黄泉の国を訪れるというエピソードがある。

迎えに来たイザナギに対し、イザナミは準備をするから少し待っていてほしい、そしてその間は決してこちらを見ないでほしいとお願いするが、待ちきれないイザナギは我慢できずに館の中を覗いてしまう。そこには、黄泉《よみ》の国の食べ物を食べてすっかり穢れてしまった妻がいて、イザナギは恐れをなして逃げ出してしまう。それを見て怒ったイザナミも夫を追い掛け回す。命がけの大婦喧嘩の末に、死者の世界と現世との出入り口を岩で塞いでなんとか逃げおおせたイザナギに対し、イザナミは大声で「お前の国の人間を毎日1000人殺してやる！」と脅し、イザナギは「ならば毎日1500人産んでやる！」と反論する。こうしてこの世界に誕生と死がもたらされるようになる（ちなみにこれが世界最古の離婚でもある）。

1500人産めば1000人死んでもいいというのは人権を無視した暴論に聞こえるが、神からすればそれでいいのだろう。ここで描かれている黄泉の国の恐ろしい描写や、愛するイザナミに対する態度の豹変、さらにその後イザナギが行う穢れを払うための禊《みそぎ》などからも、死者の国が二度と行きたくないような現世以下の場所であることがわかる。

ギリシャ神話の吟遊詩人オルフェウスの物語には、亡くした妻を救うために冥界を訪れ、現世に妻を連れて戻る際に冥界の王ハデスに言われた「決して後ろを見てはいけない」という約束を守り切れずに失敗してしまうという、ほとんど古事記と同じ筋のエピソードがある。死者は戻ってはこない、恐ろしい死者の世界をいたずらに見てはいけないという根源的な発想が、世界中の神話のエピソードに奇妙な一致をもたらしているのだろう。

ギリシャ神話の無敵の英雄アキレスですら、冥界に行くぐらいなら栄光を捨てて貧乏暮らしをしてでもこの世に残りたいと嘆いている。たとえ英雄であっても、人間であれば必ず死にゆく運命なのである。

一方で、どんなに脇役の神でも、ギリシャの神々は不死性（immortality）を有している。この永遠性をめぐる人と神の断絶は決定的である。**現世主義は、どれだけ現世を好み、謳歌《おうか》したところで、死というバッドエンディングが約束されているということ、そしてそれを自覚しながら現世を生きなければいけないところに悲劇がある。そんな現世に何を求めるのかというと、死にゆく肉体の悲劇的な運命を超えた、不死性の獲得である。すなわち、肉体は滅んでも永遠に残り続ける功績や名声を手にして、神と同じ不死性を得ることが、生きる目的なのだ。**現にアキレスは歴史に名を刻むことで、今なお（世界史や神話を学んだ）人々のなかに生きている。

1－2．この世∧あの世

天国や極楽のように、死後の世界が必ず現世に比べてよりよい世界である場合、人間は死後によりよく生きることができるようになる。

ソクラテスは、死後の真実は生きているうちには知りえないとしながら、二つの可能性に言及する。死とは、永遠の眠りか、死者の世界に移動するかのいずれかである。そして、もし死が二度と目覚めることのない永遠の眠りなら、それはいままで経験したことのないくらいの快眠だから、よいことであり、死者の世界に行くのであれば、過去の偉人たちと一緒に永遠に対話ができるのだから、こんなに楽しいことはないといって、どちらにせよ死は悪いことではないと説明する。後者の場合、死後の世界は現世よりもよいところとされている。

この議論はソクラテスが自らの死刑求刑を巡る裁判のなかで語っているもので、民衆がもつ死の恐怖を理性的に解消させようという意図がうかがえる（後のプラトンの諸著作のなかでソクラテスは後者の説を採用している）。死はまったく恐れるようなものではないし、むしろ喜ばしいことなのだ。ソクラテスのすごいところは、こうした頭でっかちにも聞こえる考えを、正しい理性的思考として自分の生の態度に反映させたところにある。というのも彼は、死刑が決まっても実際に死を恐れることなく、国外逃亡できたにも関わらず「悪法もまた法なり」といって刑に誠実に従い、弟子たちが悲しむなか、平然と自ら毒杯を飲んで死んでみせたのである。ソクラテスの死は、自ら考えてつくり上げた死生観によって死の恐怖を克服する、「理性の勝利」の象徴である。

死ぬことで必ず今よりよい状態になるのなら、問題は、なぜ今すぐ死なないのかということだ。現世は、よりよい死後に行くまでのどうでもいい渡り廊下のような場所にすぎない。

ギリシャには「一番よいのは生まれないこと、その次によいのは今すぐ死ぬこと」という格言がある。とはいえ、個人や特殊な宗教団体を除き、歴史上この死生観が文化として根付いたことはない。というより、本当にこれを信じたらすぐに死んでしまうことになるから、教団や文化として受けつがれることはないだろう。

ソクラテスは自殺を否定しているが、その理由は、死は自分ではなく神が決めるものと考えていたからである。逆にいえば、神（あるいは「親」や「法」でもいい）の命令に従うつもりがないなら、この死生観をもったまま生きる理由はないのかもしれない。

1－3．試験としての現世

別世界への移動を想定する世界観のなかで最も流布しているのは、死後の世界にいくつかの選択肢があるもの、とりわけ「天国か地獄か」といったように、現世よりもよい世界と悪い世界があり、現世の行いによって行く先が変わるというものである。

この世界観において**現世とは、死後の行き先を決めるための試験という意味合いをもつ**（多くの場合、死後に行われる審判で結果が発表される）。現世の時間が有限であるのに対し、死後生は無限に続く。永遠の喜びか、永遠の苦しみかという問題であるから、よくも悪くも主役は現世（試験）ではなく、結果である死後の世界の方にある。

この世界観が現世にもたらす重要な効果は、希望と恐怖によって現世の秩序、とりわけ倫理や道徳をつくり出すということだ。**死後の審判という制度があれば、「天国にいくために善いことをする、地獄にいかないために悪いことはしない」という行動基準ができる。しかも誰に気づかれなくても、必ず神様が見ているので、言い訳はできない。**自殺をしてはいけない理由も、自殺すると地獄で今以上の苦しみが永遠に続くから、と説明できる。他人を愛する気持ちや、社会をよくしたい気持ちがない人でも、自分が永遠に幸せになれるか、永遠に苦しみ続けるかには関心があるから、倫理や道徳を大事に考えるようになり、社会の秩序が維持される。

ただし、**何が善いことで何が悪いことかは、天国と地獄をつくった側が決めているということは注意すべきだ。**たとえば一部の厳格なキリスト教においては、自殺はおろか、避妊も同性愛も悪いことなので、それをした人は天国に行けない。「天国と地獄」という世界観を信じることは、同時にその世界観をつくった者（神あるいは「神の代弁者」）の価値基準を受け入れることでもある。

中世ヨーロッパでは、地獄を恐れる人の気持ちに答えるように、教会に資金援助をして免罪符（贖宥状）をもらえれば罪が許されるという、教会と信者の間のｗｉｎ－ｗｉｎな取引が行われることがあったし、いつの間にか天国と地獄のほかに、すぐに天国に行けるほどではないけれど、地獄に堕としてしまうほどではない人を対象にした、煉獄《れんごく》という、補習期間のような世界が信じられるようになった。死後の世界の描かれ方は、現世の社会的状況や利害関係によっても少しずつ変化している。

北欧神話では、主神オーディンがラグナロク（神々の黄昏）と呼ばれる神々と巨人族との最終戦争に備えて優秀な人間の戦士を探しており、勇敢に戦って死んだ者だけが、戦士としてヴァルハラと呼ばれる宮殿に入ることができるとされる。この物語を信じていたヴァイキングは、病死や老衰死ではなく、勇敢に戦って死ぬことこそがよい生き方だと考えるので、現世では非常に好戦的な態度をとるようになる。

また、別世界に移動する死生観の多くは、死後も現世と関係が断絶しない場合が多い。その特徴は葬儀に色濃く現れる。遺された者達が死者をどのように扱うかによって、死後生のあり方が変わる。

キリスト教は肉体の復活を信じるので、原則としては、遺体は火葬や散骨ではなく、そのまま土葬し、復活の日を待つことになる。遺体の処置が特徴的なエジプトのミイラは、遺体をしっかり保存しなければ死後の世界でよりよく生きられないという考えからくる埋葬法である。棺に書かれているカラフルな絵は死後の世界を描いたもので、死後に何が起こるのか、どうすればうまく審判を潜《くぐ》り抜け、楽園にいくことができるのかを図解した、いわば攻略本のようなものである。棺の絵以外にも、お守りや呪文の書などを遺体に添えて試練を助けるが、日本の葬儀でも三途の川を渡る船賃として遺体にお金を添える六文銭というものがある。

この死生観が現実の生死に強く影響することがわかる象徴的な事例を紹介しよう。「エホバの証人」というキリスト教系の宗教団体では、聖書の各所に記述されている「血を食べてはならない」という言葉の解釈として、医療行為である輸血を禁止する。仮に輸血しなければ生命の危険がある場合でも、彼らは信仰に基づいて輸血を拒否し、実際に死亡するケースがある。過去には、輸血拒否の説明を受けていたにもかかわらず、（命を救いたいという善意で）輸血をして命を救った医師が、患者に訴えられて敗訴したケースもある。ほかにも、交通事故ですぐに輸血が必要になった10歳の少年に対し、駆けつけた親が、一家で信者である息子に対する輸血を拒否し、子供も父親に従い輸血をしないことを了承して、数時間後に死亡したという事例がある。

このような事例を聞くと、異常性や狂気を感じてしまうかもしれない。しかしながら、エホバの証人は、極めて合理的で最善の判断をしている。なぜなら、彼らにとって、聖書の教えに従い天国に行くことが、現世で最優先すべきことであり、神の教えに逆らう罪を犯してまで現世を長引かせる理由はないからである。**現世は試験期間であり、天国へ行くための手段であって、目的ではない。**輸血をするということは、不正をして試験期間を延長し、その不正によって不合格になるという、まったくナンセンスな選択である。それゆえ、命を救おうとする医師の善意は、彼らに絶望をもたらすのであり、息子を天国に行かせてやるために我が子を失う悲しみを抑え死を受け入れた親は、強さと愛情に満ちているといえるのだ。

コース②：生き方の変容

次に紹介するのは、人間は死によって別世界に移動するのではなく、この世界に今とは違う「私」のかたちで留まり、生き続けるという世界観である。死生観、世界観としては、もっとも古くからあるものだ。

2―1．霊的存在

驚くべきことだが、原始人は、死を必然だと思っていなかったという説がある。死という事実は理解しているにも関わらず、それが生物の限界として必ずくるという感覚がなかったというのだ。もちろん、原始人も必然の死からは逃れられなかった。しかし、病で死ぬ者に対しては、その原因はウィルスや生活習慣ではなく、呪いや祟りだと考えていたし、医者の役割は霊能者が担っていた。すなわち、死は、敵意をもった霊的な力に屈したときにだけ起こるのであり、そうでなければ、人間は死ぬことはない。実際にはほとんどが老人になる前に死んでいたからこそ、このような世界観が信じられたのだろう。

死をもたらすような霊的な力をもつ者には、神や呪術者のみならず、死者達もいた。肉体をもたない祖霊たちは、人間を病にすることも、雷を落として焼き尽くすこともできる力をもっており、ほかにも、天気を操り飢饉にすることも、動物を狩りから逃がすこともできた。誰かが死ぬと、周囲の人々が次々に病になり、ときには死亡するという事態が常々あったのだが、死体の腐敗が感染症をもたらすという認識をもたない人々が、その原因を死者の呪いや祟《たた》りに求めるのは自然な判断である。

死者の霊魂は、人を殺し、村全体に災いをもたらすこともあるが、生きている人々が祖霊を敬えば、恵みを与えてくれる。すなわち死者たちは、肉体をもって口で語ることはできずとも（霊能者を通じて語ることはある）、かたちを代えてこの世界に存在しており、生者を見守り（監視し）、恵みや祟りといったかたちで生活に物理的に干渉することができる。

超自然の力をもつ死者の態度は、生活にかなりの影響力をもつから、死者達を丁重に敬い、感謝の意を示すことは重要だった。亡くなった人に対して、お供え物をし、祭りで豊作や健康を祈願するのは、元々こうした死生観に由来するものである。

こうした死生観において、**死は別離ではなく、コミュニケーションの方法や関係性の変化にすぎない。生者と死者は常に共存しており、共同体を守り、繁栄させる。自分が死んでもまた、子孫たちとともに生き続ける。肉体というかたちを失うにすぎない死は、恐れる対象にはならない。**

死後も存在する「私」を認める場合、「私」を形成する本体は肉体（あるいは脳）にはない。霊的存在、例えば魂と呼ばれるものが「私」であり、魂が不滅である限り、私はこの世界でかたちを変えて生き続けることができる。魂は、特定の物質と結びつかないまま、幽霊や神や千の風としてどこというわけでもなく偏在《へんざい》する場合もあれば、星や樹木や遺物などの特定の物質に宿る場合もある。

日本古来の死生観であるアニミズム（非生命に魂を吹き込む「アニメーション」の語源）は、万物に魂（精霊）が宿るとする。八百万《やおよろず》の神々は様々な物質に宿り、人々に恵みや災厄をもたらす。人間以外の生物どころか、無機物にまで魂を認め、それらを敬って生きることをよしとする感覚は、人間こそが選ばれし地上の支配者だとする死生観の人からするとかなり斬新である。とはいえ、触れるもの全ての魂を敬っていたら、気を遣って生活できないので、ある程度は割り切る必要がある。

2―2. 生まれ変わり

魂が不滅であるのに対し、肉体は有限である。このギャップがあるため、魂は何かに宿り、死んではまた別の何かに宿るということを繰り返すと考えるのが、生まれ変わりである。この考えに基づけば、**現世とは、私の魂が経験する無数の人生のなかの、たまたま「今」であるひとつにすぎない。**現世が終われば、また次の現世がやってくる。(多少のタイムラグはあるが)現世の誕生は前世の死であり、現世の死は来世の誕生である。**死と生は不滅の魂においては同じことなのだ。**

生まれ変わりといえば仏教の輪廻《りんね》転生《てんしょう》の世界観を思い浮かべるかもしれないが、輪廻転生は仏教からはじまったわけではなく、仏教誕生以前のインドの聖典『ウパニシャッド』にも記されているし、古代エジプトや、数学の定理で有名なピタゴラスなど、西洋にも転生の死生観は存在する。それゆえ、生まれ変わり＝仏教ということではない。また、仏教と一口にいったところで、宗派による違いもあり、日本では神道と混然一体となってきた歴史的経緯もあるので、現代の日本人がイメージする輪廻転生が、仏教の教えに忠実であるとも言い難い。

仏教では宗派に応じて極楽浄土や六道輪廻（天・人・修羅・畜生・餓鬼・地獄）などといった多種多様な別世界が描かれるが、最終的な目標は、涅槃《ねはん》（ニルヴァーナ）と呼ばれる、別世界にも現世にも留まらない、輪廻を断ち切った解脱《げだつ》の状態である。すなわち**仏教では、どのように生まれ変わるかではなく、いかにして生まれ変わらないかが問題である。なぜ解脱を目指すことを目標にするかといえば、仏教は、徹底して生を苦しみと考えるからだ。**

転生先は生前の行い（業《ごう》＝カルマ）に応じて決まるが、それが人間だろうが犬だろうが、地獄だろうが天だろうが、苦しみの生であることには変わりない。そのため、キリスト教のような、**地獄に行かないように現世では善いことをしなさいという道徳は採用されない**。仏教においては、善いことをして人々に喜ばれ、天へと転生することは、欲望に溺れて悪事に浸るのと同じく、業を積むことに他ならない。

善いことをしても悪いことをしても苦しい生からは逃れられない。解脱とは、そうした善悪の業がなくなる、社会的道徳とは一線を画す境地なのだ。ちなみに仏教の開祖であるブッダ（ゴータマ・シッダールタ）は王族で妻子持ちであるにもかかわらず、それを捨てて出家したのだから、社会的道徳という意味ではかなり無責任な人だ。

本格的な仏教教義とは違う、私たちの素朴な生まれ変わりのイメージは、解脱を目標にはしない。大事なのは、私という魂はかたちを変えて永遠に生き続ける、ということだ。

それぞれの生には幸福や苦しみの度合いによる優劣があるかもしれないが、基本的には前世の記憶がないので、比べるのは難しい。現世の生き方は、来世の生き方を決定するものではあるが、所詮《しょせん》は次の一回の話なので、天国と地獄のような永遠の死後生と比べると、死後のための試験という要素は薄い。それでも、来世のために善行を重ねて生きようとすることはできるし、反対に、現世の不運や苦難を前世のせいにすることも、来世での逆襲を誓うこともできる。**生まれ変わりの世界観は、ひとつひとつの生の特別さをなくしつつ、ゆるやかに結びつけることで、平穏や希望をもたらしてくれるものでもある。**

不滅の魂というと、非科学的なファンタジーに聞こえるかもしれないが、魂をなんらかのエネルギー現象に置き換えると、途端に科学的な世界観と重なっていく。肉体が機能停止したら、エネルギーは別の場所に移動して保存されるだけで、世界全体のエネルギーの総量は変わらない。「私」を「私」たらしめていたエネルギーが別の生命現象に移っていくことを、存在の仕方の変容とか、生まれ変わりと呼ぶこともできなくはない。もちろん、「私」を離れたエネルギーはもはや「私」ではないと判断することもできるが、何を「私」とし、何を生まれ変わりと見るかは、科学ではなく、個々の死生観に依存する。

コース③：虚無化

最後に紹介するのは、死後の世界など存在せず、死んだら無になるという世界観である。見落としがちだが、人は生まれる前も無だったので、それと区別するために、死は虚無であるというのではなく、生きてから死ぬ虚無化であるということにする。

無とは何もないことである。デカルト（1596–1650）は「考える、ゆえに我あり（Cogito ergo sum）」といったが、無になってしまえば「考えることはできない、ゆえに我なし」ということになる。いや、無なのだから、考えないとか意識がないと思うことすらできない。自分が存在しないことを（自分が）想像するということが、すでに矛盾なのだ。

死後生を描けない分、この世界をどう意味づけるのかは、事実認識とは別の価値観に大きく依存することになる。わかりやすくいえば、**「死ねば終わりだからこそ、人生に意味があ**

る」と「死ねば終わりだからこそ、人生に意味はない」の、どちらの死生観ももててしまう。

3−1．奇跡と弱さ

科学は、あらゆる生命体は必ず死ぬという法則を教えてくれる。しかし、それが何を意味し、どうすればいいのかまでは教えてくれない。科学は、この宇宙の誕生と、太陽系に属する地球の誕生、生命の誕生、人類の誕生と繁栄、両親の出会い、数億の競争を勝ち抜き卵子と結びついた精子から産まれた私の誕生という世界の秘密を教えてくれる。多くの人はこの事実を「奇跡」と呼ぶ。たしかに、（ラプラスの悪魔のことさえ忘れれば）自分が存在するということは、まさに天文学的な数の偶然の連鎖によって生じた出来事であり、その確率の低さは奇跡と呼ぶにふさわしい。

生きているだけで奇跡といえる私は、この奇跡に意味を求める。例えば、自分はなんらかの使命や役割があって産まれてきたのだと、奇跡を運命で理由づけようとする。あるいは、この奇跡は、奇跡であるからこそ価値があり、奇跡であるがゆえに命を大切にして生きるべきだと考えるようにもなる。

ただし、奇跡的にはじまったあなたの人生には、つらいことや不運なこともあるし、やれることには限界がある。寒がりだから冬を廃止するとか、恋人を喜ばせるために惑星の軌道をハート型にするといった奇跡は人間には起こせない。特に厄介なのは、せっかく奇跡的に生まれてきたのに、結局はまた死んで虚無化してしまうということだ。私という奇跡は有限である。

死後は虚無化すると考えている人のほとんどは神を信じていないので、人間の無力さを誰かのせいにして責任を追及することはできず、ただその事実を嘆くしかない。しかし、ここで逆転の発想が出てくる。**弱さこそが、人間に生きる意味をもたらすと。**神（々）が完全な存在として永遠の時間を生きているのに対し、人間は万能でも不死でもない不完全な存在である。しかし、人間は未完成だからこそ、目的に向かって挑戦（そしてときに失敗）することができるのであり、死という時間制限をもつがゆえに、緊張感をもって生きることができる。不死でなんでもできてしまうと、目標もなく、退屈で虚しい日々をおくるしかない。

つまり、**人間は奇跡的に誕生しやがて虚無化する無力で有限な存在だからこそ、情熱をもって生きることができるのだ。逆にいえば、この弱さや有限さを意識しないで生きる人間は、情熱も目的も緊張感もない人生を歩むことになる。**夏休みの宿題のように、終わりを意識してはじめて、人間は全力をだすことができるのだ。

情熱をもって求めるものとは、例えば自分の夢や目標を実現することだ。もちろんそれは死後のためではなく、目標を達成したときの喜びや幸福のためである。達成の先にまた新たな夢を描き、それを繰り返してゆくなかで、もう求めるものは何もなく、悔いのない人生だったと思えるほどに命を燃やし尽くしたなら、死ぬことさえも恐れなくなる。それこそがよい生き方である。

そして、多くの人が生きる情熱を注ぐのは、愛する者や、愛する仲間（家族・会社・国・人類など）に対してである。愛するもののために何かを成し遂げ、その喜びを分かち合うときの充実感は、何ものにも替えがたい。ときには愛するもののためならば、命すら懸けることができる。**死んでしまえば自分は何も感じられないが、生きているうちに自分の死後に希望を抱き、その希望に意味と喜びを感じることはできる。**

コース1－1で紹介したギリシャの英雄は、歴史に名を残すために奮闘したヒーローだが、決死の覚悟で人々の命を守るレスキュー隊も、人々やこの世界を救う名も無きヒーローであり、永遠の名声は得られないかもしれないが、感謝や称賛を浴び、その喜びをえることができる。**特別な能力をもつヒーローだけが栄光を手にするわけではない。生きる意味や喜びを得るためには、誰かのヒーローになるだけで十分だ。**目の前にいる人を笑わせることだけでも、自分の人生を肯定する理由になる。それほどに他者のもつ力は強い。

あなたが生まれようが死のうが、この世界はお構いなしに存在し続ける。大統領だろうが革命家だろうが、その人がいなくなっても世界は回っていく。その意味で一人の人間ができることなどたかが知れている。だが、カオス理論という科学の一分野に、「バタフライエフェクト」という考え方がある。北京で蝶が羽ばたくときのわずかな風の力が、めぐりめぐってニューヨークのハリケーンをつくり出すという話で、日本のことわざで言えば「風が吹けば桶《おけ》屋が儲かる」と同じである。

この理論に基づけば、一人の人間が意図的にできることは僅《わず》かかもしれないが、あなたがこの世に存在するというだけで、この世界はあなたの影響を激しく受けているということになる。つまり、**あなたがいなかった世界は今とは全く違うものになっていたはずだし、あなたがどのように生きるかで、これからの世界も激しく変わっていく。**あなたが存在したという奇跡は、あなたが虚無化してもなお、他人や社会を通じて未来に影響を与え続ける。

3－2．「私」を超えるもの

誰かや何かのために自己を犠牲にする利他的行為は、ときに自己満足や売名のための偽善だと批判されることもある。本当に利他的な人間であれば、ケーキを買ったおつりでなく、ケーキを我慢して全額を募金するのが筋なのではないか。それができないのなら、結局は正義のヒーローに見せかけた自己満足にすぎないのではないか。

この批判を突き詰めると、あらゆる利他的行動は、それによって自分が満足するための利己的行動なのではないかという疑問に行き着く。利己と利他、善と偽善の境界線は曖昧だ（ちなみに、助けられる方からすれば、たとえ利己的な偽善でも、助けられないよりはよっぽどマシだろう）。

かつての武士のように、国や上司のために命まで捨てられる人は稀だが、現代でも、会社の利益のために自分を犠牲にしている日本人は数知れない。しかもそのうちの多くは、愛社精神すらもたずに、被害者のように文句をいいながら身を捧げている。もちろん、自分が属する共同体が損害を被《こうむ》るのは困るので、それを防ごうとするのは当然だが、自分が会社のために必死で守ったもの（例えば利益や伝統、上司のプライドや自分の立場）は、そのために犠牲にしてきたもの（例えば残業がなかった場合に得られる心身の健康、出会いや恋愛、趣味や勉強の機会）より優先すべきものなのかということは、あまり考えないし、考えても仕方がないと思っているのかもしれない。これは利他的精神の現れなのだろうか。

このように言うと、「どうしてもっと自分を大事にしないんだ」と説教しているように聞こえるかもしれないが、そうではない。むしろなぜ人はそこまで自分を犠牲にできるのかを問うているのだ。こう問い直してもいい。そもそも人間は自分を犠牲にするように仕組まれているのではないか、と。

自分の幸福や目標の達成を求めるのが人間であるが、そもそもなぜ主役は自分なのだろうか。一人の人間は、神よりも無知で無力で、国よりもはるかに脆く、自分の子供よりも先に虚無化してしまうだろう。それなのになぜ自分は自分を大切にするかというと、それが自分だからだろう。その証拠に、赤の他人は私ほど私を大事に思ってはいないし、法律も私を名指しして特別扱いはしない。

当たり前のことをいっているように聞こえるかもしれないが、これは重要な問題だ。意外かもしれないが、私を「私」と思えるのは、実は人間や一部の霊長類のみがもっている特殊能力らしい。ロック（1632–1704）という近代の哲学者は、昨日も今日も明日も同じ「私」がいると考えることができる存在を「人格（person）」と呼んだ。**「私」という意識**（**自己意識**）

をもつ能力のない生物は、一貫した主体として生きているわけではない。そして、自分がないので、自分が死ぬということも理解できない。「私」をもたない生物は、目の前の痛みや危険を回避しようとするだけで、決して死を恐れてはいない。

「私」や人格などなくても、生物はたくましく生きている。アリやハチなどは、女王を中心にして高度に統制された分業による集団行動をとっており、全ての個体が黙々と役目をこなしている。少なくとも人間が見て取れるなかでは、ひたすら働く末端の個体が、ずっと休んでいる個体に対し不平等を訴えてストライキを起こしたり、自分本位の行動をとったりする様子はない。アリやハチは、一つの集団が一つの個体として機能する「超個体」と呼ばれる生態をもっており、人間の細胞が不平不満をいわないのと同じで、1匹の個体は、何かを主張するような主体ではない。「私」という感覚がないのだから、そこには利他性も利己性もない。仲間のために重いエサを運ぶ働きアリに健気《けなげ》な利他性を感じるのは、人間が勝手に擬人化しているにすぎない。

人格をもつ人間は、少なくとも意識のレベルでは、「私」を主体にして行動する。ただし、これも意外かもしれないが、人間が個人を平等に扱い尊重するという、いわゆる「人権」の考え方は、近代以降にできた、ひとつの民主主義的な価値観にすぎない。

文明や社会を成長させ強化するためには、人権や個人の願望など無視して、社会や国家のためだけに働く奴隷がいた方が効率的だろう。実際に、王や神や国家の名の下に、奴隷や生贄《いけにえ》や兵隊が自分の人生や命を捧げてきたのが、歴史の主流である。最近になってなぜか国家は国民一人一人に権利を与えた。その結果、国民は権利を盾にして自己主張をはじめ、国家のためにならない行動を平気でするようになった。

なぜ「個人」という単位を尊重しなくてはならないのだろうか。能力も知識も乏しい一人一人の人間が考えるよりも、優秀で強力な主体が示す価値観に従ったほうが、選択肢が増えるし、成功率も高くなる。一つの細胞にできることなどほとんどないが、その細胞が集まって一つの生物となったとき、可能性は飛躍する。

主体を、そして主役を私個人ではなく、私を超えたより大きな何かに置くと、私はその主体の一部となる。生物が新陳代謝するように、私という個体は死んでも、全体としての主体は維持される。つまり主体は虚無化せずに、よりよいものを求めて団結し戦い続ける。偉大な指導者、神、会社、国家、あるいは自由や平等を勝ち取るための運動など、私が身を捧げてひとつになる「私を超えた主体」は様々である。

現代になると、「私を超えた主体」に新たな候補者が名乗りを上げた。進化生物学者のドーキンスが推薦する、遺伝子という主体だ。遺伝子は、物質であると同時に情報でもある。物質はやがて朽ちるが、情報は様々な物質にコピーすることで残り続けることができる。遺伝子は基本的に自分の情報を残すことを優先するので、「利己的な遺伝子」と呼ばれる。ただし100%同じ情報をコピーし続けるわけではないから、情報伝達は子供だけでなく、親族や民族、共同体のレベルでも成立する。これを踏まえると、**人間の利他的行動も、文句を言いながら働き続けることも、子供を産まずに働き続けるアリやハチの生態も、全て遺伝情報を伝達・拡大するための行為として説明できる。つまり生物の行動は全て、個体ではなく、遺伝子という主体の利己的な行為なのだ。**

一つ一つの個体は、遺伝子を次の個体につなぐ運び屋でしかない。遺伝子からすれば、自分をうまく運ぶことは重要だが、運ばれて別の個体に移りさえすれば、運び屋が死のうが虚無化しようがたいした問題ではない。むしろ遺伝子の伝達を妨げるくらいなら、無用な個体は早々に死んだほうがよいとさえいえる。

「遺伝子を残すのはよいことだ」という価値観は、文字通り遺伝子に刻まれているのだから、死生観としてわざわざ選択するようなものではない。ただし、この必然の価値観をもっていることを自覚し、優先するかどうかは本人の価値観に依存する。命がけで子供を守るヒーローを、「遺伝子の命令だ」といってしまう価値観には、あまり賛同できないかもしれないが、逃れようのない事実かもしれない。

ただし、遺伝子も万能ではないから、遺伝子のための行為が結果的に遺伝子のためにならないという事態が起こりうる。遺伝子を主体としてよく生きるためには、確実かつ効率的に遺伝子を残すことだ。それは必ずしも子作りをすることではなく、争いのない平和な世界をつくることかもしれないし、障害者や特定の民族を排除しようとする差別思想を実現することかもしれない。

3－3．徹底的に考えない

現代では、特定の信仰をもつ人が少なくなってきている。宗教の世界観（神がこの世界をつくった等）を信じないということは、「死後のための現世」や、「悪いことをするとバチが当たる」といった理屈は通用しないということだ。では、宗教なしに、善悪の基準や生きる意味を何に求めればいいのだろうか。

現代人の頼みの科学は、事実しか教えてくれない。それどころか、核開発やクローン技術、人工妊娠中絶や尊厳死、ＡＩやロボットなど、何が善で何が悪なのか直感的にわからなくなるような問題を次々につくりだし、価値観の問題を余計に混乱させてくる。

「神の死」を宣言したニーチェは、基準となる絶対的な価値観を失い、生きる意味や目標を見出せなくなった現代をニヒリズム（虚無主義）の時代と呼んだ（前述の通り、今はまだ中途半端なニヒリズムだが）。**人間には神から与えられた能力も使命も何もない。人生とは、生命体としてあるとき誕生し、あるとき死んでいくだけのただの現象であり、そこに意味や目的などあるはずがない。**ついでに「私」の誕生は奇跡でもなんでもない。宝くじには当選者が必ずいて、それが偶然あなただっただけで、あなた以外の宝くじの落選者や主催者はそれを奇跡とは呼ばない。あなたが産まれようが、隣の精子から別の人が産まれようが、そこに特別な意味はなく、ただそうであっただけだ。

科学の力で現実を知り、自然を支配し、神が死んだ現代では、「生きる意味」とか、「私は奇跡」といったロマンティックな価値観をもてなくなってきている。考えるほどに、意味・価値・道徳というものがいかに偏見であるかを思い知り、偏見を受け入れられなくなる。

ニヒリズムではないが、老子の「無為自然」も、「こうしたい」、「あれが欲しい」、「〇〇のため」といった人間的な価値観や願望を捨て去ることを古くから説いている。人間は、生成と消滅を永遠に繰り返す自然の流れの一部にすぎない。そして、神と違って自然は価値や目的を示すことなく、ただ事実としてそこにある。自然に即し、自然のあるがままに委《ゆだ》ねることによってはじめて、価値観の呪縛から脱し、迷いもズレもない穏やかな生活が可能になる。

だが、賢者や仙人のような境地に至るのは簡単ではない。普通の人間には、意味も目標も善悪もない人生は耐えがたい。しかし、宗教も科学もダメとなったら、拠《よ》り所がない。では、どうすればよいのだろうか。

モンテーニュ（1533–1592）という近世の思想家は、生きることを考えるためには、死を考えることが重要だという信念をもっていた。しかし、恵まれた生活から一転して、家族の死や宗教戦争、ペストを経験した彼は、考え方を180度変えた。彼が目の当たりにしたのは、実際に死ぬ直前にならないと死をまともに考えることのない民衆の姿だった。その姿を見て、目の前に迫ってもいない、人生の終わりの15分の些細な苦しみにすぎない死についてわざわざ考え、恐怖し、そこに生の本質を見出そうとする哲学的な態度が、いかに不自然で滑稽であるのかに気づかされたのである。つまり（自分を含む）哲学者は、どうでもいいことを考えて勝手に苦しんでいるのだ。

貴族であるモンテーニュから見た庶民たちは、理解力や洞察力を欠き、計画性がなく、目前のことしか考えない「愚かな人々」であった。しかしだからこそ、哲学者のように生と死について考え思い悩むというような、不自然で不必要なことをしなかった。モンテーニュは、**不自然なことは考えずに、愚かでいたほうがよい**ことを、愚かな人々から学んだ。

モンテーニュよりさらに昔、古代ギリシャの哲学者であるエピクロスも、死を起点にした、シンプルかつ強力な議論を説いている。

生きている人間は、死んでいない。
死んでいる人間は、生きていない。
死は生きている者にとって何ものでもない。

生と死は、コインの表裏のように、どちらかでしかありえず、交わることはない。生きている者は死を経験していないし、死んだときにはもう私は生きていない。それゆえ、生きている限り、人は死と関わることがない。

そして、死んでしまえば、何かを感じたり思ったりする私という主体はなくなる。すなわち、死んだらもう、誰も痛くもかゆくもない。「案ずるより産むが易《やす》し」というように、実際にやってみたら心配するほどのことではなかったと思うことがあるが、死んだ場合は、主体がいないので苦しむ可能性はゼロであり、案ずる必要すらない。これが理解できれば、なんの苦しみももたらさない死に恐怖することはなくなる（死ぬ直前の苦しみはあるかもしれないが、そんな最後の15分を気にする必要はない）。

死を無力化したエピクロスはここから、よい生き方について考察していく。

人生のよしあしは、人生の長さでは決まらない。
過剰な欲求を満たそうとすると、余計な苦しみがついて回る。
賢者は、最も長い人生ではなく、最も快い時間で人生を楽しむ。

徳のある賢者は、お金や権力による喜びは不純だと説教しそうなものだが、エピクロスは少し違う。富や名声、高級料理にブランドバッグも、それが快楽をもたらす限り、それ自体はよいものだと認める。ただし、ある種の欲望は、それがもたらす快楽以上の苦しみをもたらすので、求めるべきではないともいう。多くを求めればより多くを失うということだ。

億万長者になれば大きな喜びを得られるかもしれないが、それを得るまでと維持するための労力や、失敗することへの不安を抱えて生き続けるストレスを考えると、結局は苦しみの方が大きくなる。**大きな夢や野望をもつことは、消費社会の発展にとっては有益かもしれないが、人生を喜びで満たす生き方ではない。**

エピクロスは、多くを求めず、衣食住と友情にのみ不自由しない程度の、慎ましく穏やかな生活にこそ、苦しみのない最大の快があるとして、欲望に溢れる都会から抜け出し、「隠れて生きよ」と言っている。

そしてエピクロスは、長く生きようとする欲求も、億万長者になりたいというのと同様、余計な苦しみをもたらす不要で過剰な欲求であるとした。20歳で事故死した人をかわいそうだと思うかもしれないが、その20年間の人生が悪かったとか無意味だったとは考えない。現に人は、花のように短い命を燃やした人たちを美化する傾向さえある。

もっともよい生き方とは、長く生きることではなく、もっとも喜びに満ち、苦しみのない生き方をすることである。優先すべきは長さではなく質である。そして、もっともよい生き方ができる時間こそが、人生の最適な長さなのだ。

にもかかわらず、長く生きようとすると、未来を案ずるがゆえに、無害であるはずの死を恐れ、死なないための行動をとるようになり、それが余計なストレスや苦しみを生み、目の前のいきいきとした喜びを見失ってしまう。すなわち、**人生の長さを気にして生きることは、**

不要な欲求によって苦しみを増やし、喜びを失っているので、よく生きる態度ではない。それに、人生の長さを気にせずに生きれば、余計なことを考えるストレスがない分、結果的により長生きになることがあるかもしれない。

モンテーニュもエピクロスも、とりわけ死について、誤解に基づく恐怖さえ解消すれば、それ以上は考える必要がないどころか、考えない方がよいとさえ述べている。**生と死について考えれば考えるほど余計な苦しみや無意味さが増していくのであれば、ニヒリズムにまともに向き合うのではなく、モンテーニュが見た愚かな民衆たちのように、徹底して考えないことこそが、よりよい生なのかもしれない。**

3　幸せの方程式——パスカルの賭け

様々な死生観のバリエーションをみて、共感できるものとできないものがあっただろう。死後の世界がどうであるかわからない以上、世界観の正しさはわからないし、事実や人生をどう意味づけるかについての絶対的な価値基準もないのだから、死生観は多様であるとともに、優劣はつけられないはずだ。

しかし、例えば「イザナギとイザナミが世界をつくった」という物語は事実に反するから、それに基づく死生観は間違いだと判断することはできるのではないか。すなわち、この世界についての理解に限ってではあるが、科学的な客観性や論理性に基づいて、死生観の優劣（真偽）をある程度は決めることができるのではないか。

だが、それも検討の余地がある。まず科学はいまだにこの世界の全てを正しく説明できていないので、そもそも科学が間違っている可能性だってある。そして、**科学的世界観と宗教的世界観は必ずしも対立するわけではなく、同じ事実を異なる視点で認識しているだけという可能性もある。**つまり、ビッグバンを神による天地創造と言い換えることもできなくはない。世界の見方の違いには、優劣をつけられない。

しかし、どの死生観が最も合理的であるかということを客観的に示すことは、できなくもない。先に言っておくが、これは宗教の勧誘である。ただし、無宗教の筆者が望むのは、あなたの死生観を揺さぶり、違和感と気づきを与えることであって、客観的、合理的な判断に対しあなたがどう考えるかが問題になる。

最強のポジティブシンキング「義人《ぎじん》ヨブ」

宗教には合理性に欠けるものが多々ある。聖書には、絶対的な存在であるはずの神がみすぼらしい身なりの人間イエス＝キリストとして現れたり、その神が次々と奇跡を起こした後で、人間に殺され、さらに復活したりと、およそ現実には受け入れ難い不合理かつ不可解なことが記されている。しかし聖書は神の言葉であるから、間違えるはずがない。だとすると、間違っているのは神の物語ではなく人間の理解の方だ。

神の意志は人間の理性では理解できない。理解できない自分の無力を棚に上げて、神を否定するのは横暴だ。キリスト教には「不合理ゆえに我信ずる（Credo quia absurdum）」という言葉がある。頭では理解できないし、批判されてもうまく説明できないことでも、その不合理をそのまま受け入れ、ただ神を信じるべきだ、という態度である。矛盾を矛盾として受け入れるのだから、原理的に論破されることはありえない、極めて強固な信念である。ビッグバンも進化論も、聖書の物語を否定するが、それでも（だからこそ）神は信じるに値する。

こうした信念がどのような生き方につながるのかは、旧約聖書の物語『ヨブ記』を読めばわかる。ヨブはウッという場所に住む男で、仕事にも家族にも恵まれ豊かで幸福な生活を送っていた。そしてヨブの信仰深さは、神様が天使たちに褒め伝えるほどだった。しかし、神の話を聞いたサタンが、ヨブが敬虔《けいけん》なのは十分な見返りを得ているからであって、見返りがなければ信仰など捨ててしまうだろうといって、神様と賭けをすることになる（旧約聖書の神は積極的で過激な面がある）。

賭けに巻き込まれたかたちのヨブは、サタンによって引き起こされた天災や略奪によって、家畜を殺され、子供を殺され、財産を失い、裕福で幸福であった生活の全てを突如として奪われてしまった。さらには自身が重度の皮膚病に侵され、激しい痛みに苦しむことになる。何も悪いことをしていないはずの自分に、このようなあまりにもむごい仕打ちが与えられれば、誰もが神を呪い、信仰を捨ててしまう、それがサタンの思惑である。しかしヨブは、「神は与えるものであり、また奪うものである。私は神を褒めたたえる」といって、神の行動を肯定し、信仰を捨てなかった。

善人に恵みが施され、悪人に罰が下されるというのが通常の理屈であるが、ヨブに対して神は（サタンとの賭けという特殊事例ゆえに）その理屈から外れている。やってきたヨブの友人たちは、ヨブが神の怒りに触れるなにか悪いことしたに違いないと批判するが、ヨブにはそうは思えなかった。ただ、なぜ神が自分にこのような不合理な仕打ちをするのか理解できなかった。実はこの後ヨブはちょっとだけブレて、神に文句をいうことになるが、神の言葉を聞き、自分に理解できないからといって、神に説明を求めてはならないと気づき、喜びも苦しみも全て受け入れていく（ついでに賭けが終わってまた裕福で幸福になる）。

義人ヨブの物語が示す、ユダヤ＝キリスト教の信者としての生き方は、神に対して利益や見返り、そして合理的な理解を求めない態度である。どんなに立派で節制した生活をしていても、悪人の気まぐれで殺されてしまう人もいる。真面目に正しく生きている人が損をするということは、どの時代にも共通する現実である。しかし全ては神の意志の下にある。この世界をつくった神は、善や幸福のみならず、悪や不幸も生み出した。戦争や疫病など、人間にとっては悲劇としか思えないものも、神がそれをもたらしたのである。

無論、神は完全なる存在だから、この世界は失敗作でも欠陥品でもない。**人間にとっては不幸でしかない事実も、人間の理解できないレベルで完全なのだ。**だから、どんなに不合理なことがあっても、悲劇に翻弄され殺されることがあっても、それは神の意志であるから、嘆くべきことではない。

たしかに、ユダヤ＝キリスト教には、死後の幸福という、いわば信仰に対する見返りの考えがベースにあることも事実である（キリスト教とは対照的に、ユダヤ教では死後の世界の内容については、神の領域としてあまり語られない）。しかしヨブの信仰は、現世や死後の見返りのためではない。ただ、全てを神の意志として受容し、委《ゆだ》ね、そこに幸福を感じて生きているのである。

このような信念をもてれば、いかなる苦痛や死を前にしても、全てを完全なる神の意志として受容することができる。神は自分を見ており、喜びや祝福を与えてくれるし、苦しみにも必ず意味があるので、理解できなくてもそれを受け入れる。神の下では、もはや嘆くべき不幸などない。心理学的には究極のポジティブシンキングといってもいい。そのなかで人間がよく生きるとは、神を愛し、祈ることにほかならない。特別な能力や財産がなくても、信じるという誰にでもできることをやればよいので、この死生観は、極めて公共性が高く、シンプルで、かつ強固なものだ（ユダヤ教は選民思想だが）。

たとえば上司の罪をなすりつけられてリストラされたとき、飲酒運転被害によって半身不随になってしまったとき、愛する人が強姦されたあげく殺されたとき、核戦争により多くの命と大地が失われたとき、あなたは自分を支えるだけの死生観をもっているだろうか。怒りや苦しみや精神障害に沈み込まない強さをもっているだろうか。やり場のない苦しみや孤独を抱える人がときに信仰に目覚めるのは、信仰が不幸な現実からの救いの物語を示し、進むべき道へと導いてくれるからである。

現代人から見れば、弱っている人間を教団が巧みに取り込んでいるだけかもしれない。しかし、**科学的根拠にとどまって救いのない現実に打ちひしがれるのと、根拠はなくとも、救い導いてくれる信仰へ向かうのとでは、どちらがよりよい生き方といえるだろうか。**

合理的な死生観

数学の定理や、「人間は考える葦《あし》である」という言葉でも有名なパスカル（1623–1662）は、数学的思考を駆使して、死生観を合理的に比較する。その結論として、彼はキリスト教を信じることが、人間にとって最もよい生き方だと主張する。とはいえ、パスカルが比較しているのは、信仰をもつかもたないかの二者択一であって、世界中の様々な死生観を比較検討したわけではない。だが、「パスカルの賭け」と呼ばれる以下の論証は、死生観を考える上で、極めて示唆的なものである。彼の議論を一般化しつつ、簡潔に説明しよう。

問題になっているのは、信仰をもつべきか、そうでないかである。ここでいう信仰とはキリスト教のことであるが、神が存在し、信じる者は死後に天国へ行けるというぐらいの世界観であればよいので、他の宗教にも当てはめることができる。

パスカルはまず、神の存在の有無について客観的に考える。それがわかれば信仰するべきかどうかの答えは必然的に決まるからだ。しかし、神が存在するという事実も、存在しないという事実も、客観的に証明できていない。神を見たという証言は疑わしいし、何かが存在しないことを証明するのはさらに難しい。殺人事件の密室トリックを考えたところで、証拠がなければただの可能性にすぎないのと同様、神なしで世界を説明できたところで、それは神がいないことの証明にはならない。証明ができないから、結論として、神がいるかどうかは客観的にはわからない、ということになる。

確実な存在証明ができない以上、神がいるかどうかの判断は、不確かな「賭け」になる。パスカルは第二段階として、どちらに賭けるのが合理的かを考えていく。というのは、合理性は、正しさだけでなく有益さを基準にすることもできるからだ。1万円払って天使にマッサージされるのと、1万円払って鬼に金棒で殴られるのとでは、明らかにマッサージの方を選ぶのが有益で合理的な判断だ。もちろん、事実を問う「何が正しいのか」と違い、価値を問う「何が有益か」には、個人差があるので、絶対の答えはない（つまり、鬼に金棒で殴られて喜ぶ変態もいる）。

だが、心地よさか痛みかではなく、幸福か不幸か、ならどうだろう。あるいは、束の間の幸福と、永遠で完璧な幸福の、どちらを選ぶのが合理的だろうか。何を幸福とするかは人それぞれでも、誰もが不幸より幸福を求めるということはいえるかもしれない。そして、パスカルが信仰によって得られると考えている幸福は、神によって与えられる永遠の幸福であり、マッサージや焼き肉といった幸福とは次元の異なる、圧倒的な幸福である。
パスカルは、神を信じるかどうか（態度）と、実際に神がいるかどうか（事実）で4通りの結果に分けて、それぞれの幸福度を比較検討する。ここでは信仰をもたない人に向けてパスカルの議論を少し修正した上で図に示してみる。

パスカルの賭け（改）

態度＼事実	神がいる	神がいない
信じる	永遠の幸福　◎	永遠への希望をもった有限の幸福　○
信じない	無限の不幸　×	有限の幸福 or 不幸　○ or △

まずは神がいて、それを信じる場合（右上）、信じるものは救われ、死後に天国での永遠の幸福が待っている。この世のものとは比較にならない至上の幸福なので、幸福度は◎である。実はパスカルは、この◎と比較すれば、他の結果は全て×だと言っている。天国での永遠の

幸福を前にしたら、その他の幸福など無に等しい。

納得できない人は永遠と有限の差だけを考えてもいい。永遠とは無限（∞）である。仮に幸福をポイント制にすれば、有限の生で得られる通算幸福ポイントは必ず有限であるが、無限の生の通算幸福ポイントは無限である。100ポイント対∞ポイントの差は圧倒的である。

「ずっと幸福だと飽きてしまう」とか、「永遠に生きるのはつらい」という反論は間違いである。なぜなら、それは現世の理屈からの想像であって、天国では通用しないからだ。

神がいて、それを信じない場合（左上）も、これと同じことがいえる。神を信じず、神の教えに従わなかった人間は、死後に地獄に堕ちる。死ぬまでの有限の人生が幸福か不幸かは本人次第だが、その先にあるのは比較にならないほどの永遠で無限の不幸であるから、幸福度は最低の×である。

次に、神を信じず、神がいない場合（左下）を考えてみよう。多くの現代人は自分がここにいると考えているだろう。ただし、信じるか信じないか（図の左右）は、自分で決められるが、神がいるかいないか（図の上下）は自分ではどうしようもないし、生きている限りはわからないので、信じない現代人は地獄に堕ちる可能性があるということは注意しよう。

神を信じない人は、円満な家庭生活、社会貢献や自己実現といった、神が与えた死生観とは異なる独自の基準をもち、努力してそれを得て幸福を感じたり、得られずに不幸になったりしながら、いずれ死んでいく。どんな人生で、それをどう評価するかは人それぞれだが、有限な現世での話である以上、必ず天国の幸福と地獄の不幸の間にあるので、幸福度は○か△である。ただし、本人は天国や地獄や永遠の生を信じていないので◎と×の存在を認めず、人生が有限であることに不満を抱いてもいないので、○こそが最大の幸福であると思っている。

最後に、信じて神がいない場合（右下）はどうだろうか。信じない人とは違い、天国での永遠の幸福、つまり◎の存在を信じている。残念ながら賭けには負けてしまうわけだが、この賭けの特徴として、神がいることは死んでから明らかになり、神がいない場合は、死んだら自分もいなくなるので、神がいなかったことを知って絶望することもない。そういう意味では、主体がいないので、賭けに負けることはない。神の恩恵がない分、現実は過酷かもしれないが、ヨブのような信仰さえもてれば、どんな不合理な現実も、神の意志と考えて受容し、◎の希望をもちながら幸福な人生をおくることができる。それは幻想ではあるが、死ぬまで、そして死んだ後も、間違いに気づくことはない。つまり、永遠はないが、永遠を期待して幸福に生ききることができるので、幸福度は○である。

以上の議論を整理した上で、4つの結果の幸福度を順位付ければ、このようになるだろう。

1位：信じて神がいる（信仰の希望をもつ有限の幸福の後、永遠の幸福）◎

2位：信じて神がいない（信仰の希望をもつ有限な幸福。賭けに負けても気付かない）○

3位：信じないで神がいない（有限の幸福or不幸。幸福の基準と達成は自分次第）○or△

4位：信じないで神がいる（有限の幸福or不幸の後、無限の不幸）×

賭けをする側にできることは、信じるか信じないかである。そして、信じた場合の結果は1位か2位であり、信じない場合の結果は3位か4位である。どちらに賭けるのが有益で合理的な判断であるかは、比べるまでもない。

数学者でもあるパスカルは、賭けの判断には、得られる利益だけでなく、正解する確率も含めて考える、いわゆる期待値計算も大事であることは認める。神がいる確率を数値化することは本来は不可能だが、仮に神がいる確率が0.00001%であっても、成功して得られる幸福が無限であるから、期待値は0.00001×∞＝∞であり、やはり信じる方が合理的な判断ということになる（神がいない場合の期待値は有限値で、地獄の期待値はマイナス∞になる）。神がいる可能性がたとえどれだけ低くても、信じないほうを選んでしまったら、絶対に∞ポイントは得られない。宝くじは買わなければ絶対に当たらないのと同じである。

だが、「信じて神がいない」を支持する多くの現代人は、有限の幸福は3位ではなく、2位にも1位にもなると反論するかもしれない。それならば、キリスト教徒は絶対に認めてはくれないだろうが、百歩譲って、永遠の幸福も有限の幸福も差などないということにしてみよう。つまり、天国も結婚も焼き肉も同じ幸福として横並びにしてみよう。さらに、時間についても、永遠に続く天国も、せいぜい数年といわれる幸せな結婚生活も、パンケーキのおいしさも、その長さ（持続性）による優劣は問わないとしよう。それでも信仰をもつことの優位は揺るがない。

なぜなら、信仰をもてば、ヨブのように、どんなに苦しいことがあってもいつでも幸福を感じることができるのに対し、信仰をもたない人の価値観では、過酷な現実を前に、思い通りにいかず不幸を感じたり、自分の価値観が揺らいでなすべきことがわからなくなってしまう可能性が常にあるからだ。結婚した途端にパートナーが豹変するかもしれないし、リストラされて生きがいを失ってしまうかもしれない。それに対し、神を信じさえすれば、過酷に思える現実も、神が創った最善の世界として受容し、愛することができる。そして今なにをするべきかも、神が示してくれる。

この議論からわかるのは、**神がいようといまいと、信じる者は幸福であるということ。そ**

して、神を信じ、キリスト教の死生観に基づいて生きることは、幸福を求める上では、合理的に正しい、ということである。神が存在しないと100%わかってしまえば、そもそも信じることはできないだろうが、**どれだけ確率が低く、どれだけ不合理な世界観でも、信じさえすれば、幸福になれる。いるかいないかより、信じられるか否かの問題なのだ。**

もちろん、神を信じるか否かという二者択一は、死生観の選択としては極端すぎる。パスカルはキリスト教か無宗教かの話をしているが、たとえば仏教は、死後の輪廻を想定するので、事情はかなり異なってくる。キリスト教、仏教、日本神道、イスラム教、ヒンドゥー教、ゾロアスター教、そして無宗教、選択肢は無数にあり、正解はわからない。わからないから、どれを信じるかの問題でしかない。

そして、生きることは苦しみであるという仏教は論外としても、幸福を約束するという意味で、キリスト教は他の宗教よりも優れているといっていいだろう。たしかに、もっと楽に幸福を約束してくれる宗教があるかもしれないが、キリスト教には世界宗教として長年かけて育んできた教会のネットワークと緻密化した教義があるので、新興宗教のような不安定さがない。相談し支え合える、愛に溢れた仲間が世界中にいるのも魅力である。

こうした諸事情を考慮した上で**合理的に考えると、最も幸福な生をもたらしてくれる死生**

観は、キリスト教であると考えるのが妥当だろう。かくして本書は、幸福という基準において、よく生きるための死生観とは、キリスト教であるという合理的結論に達した。

理性だけでは生きられない

キリスト教を信じることは、幸せに生きるための必勝法であり、パスカルの賭けは、幸せの方程式である。実際にキリスト教の神が存在するかどうかはもはや問題ではない。この世界の全てを説明し、どう生きるべきかを教え、信じる者に永遠の幸福を与えてくれるキリスト教を、信じさえすればいいのだ。仲間は多いし、文句を言われても「不合理ゆえに我信ずる」で一蹴すればいい。完璧である。よく生きるための死生観とは、キリスト教なのだ。いますぐお近くの教会の門を叩いてほしい。なるべく制約の少ない宗派がおすすめだ。

しかし、残されたページの厚みを感じている読者は、本書はこれで終わらないと既におわかりだろう。なぜなら、客観的、合理的判断は、生き方を決定する絶対の基準にはなりえないからである。本書がここで文字通りハッピーエンドを迎えられない理由はそこにある。

課題：「パスカルの賭け」に反論できるか？
できないなら、あなたはなぜキリスト教徒にならないのか？

この合理的判断に共感し（説得され）、キリスト教に入信する人もいるかもしれないが、全ての人がそうではないだろう。しかも厄介なことに、パスカルの賭けを理解し、それに正当な反論をすることもできないのに、それでも第3位の人生にしがみつき、「今の幸福で十分だ」、「都合がよすぎる」、「自分のことは自分で決める」などという、反論にもなっていない適当な言い訳をして信じようとしない人ばかりなのだ。

その根本には、どんなに合理的な態度だといわれても、「それでも信じられない」という動かしがたい事実があるのだろう。

人間は「理性をもつ動物」と呼ばれ、人格をもち、本能的欲望を理性によって抑制し、長期的な視点で行動することができる。しかし、理性をもっていようが、動物は動物である。理性的、効率的に行動しようと心がけている人でさえ、太るとわかっていてもケーキを食べてしまい、勉強しないといけないのに寝てしまい、何の役にも立たないものをコレクションし、結婚している人を好きになってしまう。人間が理性によってのみ行動するなら、ダイエット本が売れるはずがない。**絶対に正しい、絶対に得だとどれだけ理性で思っても、現実の様々な状況がそれを阻み、正しい道から外れてしまう。**これは人間の必然であり、キリスト教はこれを原罪と呼ぶ。

パスカルは賭けの議論で、期待値計算などを駆使しながら信仰の合理性を説明したが、彼は「神がいてもいなくても、お得なのだから、キリスト教を信仰しなさい」と訴えたかったわけではない。むしろパスカルは、損得勘定から信仰を選ぶことには否定的である。パスカルの目的は、信仰が不合理だと批判する無神論者を論駁《ろんばく》することにあった。

一見、信仰することのほうが非理性的に思えるが、**「パスカルの賭け」によって、信仰しない方がむしろ非理性的だということが理性的に証明された。「理性的な人間なら信仰する」ということを示されたら、理性的な無神論者などいないことになる。**パスカルいわく、自称「理性的な」無神論者は、情欲やプライドにとらわれて理性的な判断ができていないのだ。そして彼は、永遠の幸福のチャンスを自ら捨て去る無神論者たちを、「最も不幸な人々」と呼ぶ。

あなたの死生観がパスカルのいうように情欲的で非理性的なものなのかはわからないが、少なくとも、あなたには明確に否定する根拠がないにもかかわらず、「信じる者は救われる」という論理を受け入れられない世界観や価値観があるだろう。それはなぜなのか。おそらくそれも、あなたがこれまで関わってきた人や、場所や、文化や、出来事に影響を受けながら無自覚に積み重ねてきたフィルターが原因なのだろう。そのフィルターには、合理的説明では外せないものもあるようだ。しかしそのフィルターが、あなたの幸せを邪魔しているのかもしれない。なぜ信仰をもたないのか、改めて考えてみよう。

4　なんとなくで問題ない

死生観なんていらない

死生観は世界観と価値観に基づいて、どうすることがよく生きることなのかを示してくれる。どのような死生観をもつにしても、現実を見失って本末転倒しないための生きる指針になる。そうした死生観のいくつかのパターンを外観し、どれがいちばん幸福になれるのかを説明してきたが、今あなたの死生観はどうなっているだろうか。

「あなたはどんな死生観をもっていますか？」と問われて、すぐに答えられるだろうか。もう少し焦点を絞って「あなたは死後の世界があると思いますか？」ならばどうだろうか。

日本人のおおよそ半数以上の人が、魂や天国、生まれ変わりなどを信じているという調査結果がある。大学生などの若い世代に聞いてみても結果は同様だ。しかし、アンケート調査では、お坊さんも大学生も同じ「1票」としてカウントされてしまうので、このデータから日本人の過半数は宗教的な死生観をもっているというのは問題がある。

多くの日本人になじみのある墓参りについて考えてみよう。墓の中には、亡くなった人の遺骨が入っている。定期的に墓を訪れ、花をやり、心のなかで死者に語りかける。しかし、どうもおかしい。死んだら魂も何もなくなってしまうと考えている人にとって、墓はただの石だ。生まれ変わりを信じる人にとって、一年もしたら故人はとっくに何かに生まれ変わっているのだから、墓に死者は宿っていないはずである。それなのにいったい誰に語りかけているのだろう？　それに、語りかけるときはどうして口に出さずに心のなかで語りかけるのか？　死ぬとテレパシーが使えるのだろうか？　もしテレパシーが使えるなら、なぜ死者はこちらに天国の情報を教えてくれないのか？

あなたの死後のイメージと、あなたの墓参りでの行動は矛盾していないだろうか。墓参りに限らず、死者や神についてのあなたの言動を反省してみてほしい。あなたは初詣で誰にお願いをしているのか？　悪いことをするとバチが当たるのはなぜなのか？　なぜ殺人事件のあった物件に住みたくないのか？　なぜ死んだ人間の遺志を継ぎ、「死んだ〇〇も喜んでいる」と言えるのか？　改めて考えてみると、死後や魂に関するイメージと日常生活の意識や行動のあいだの矛盾が鮮明になってくるだろう。

日本人の若者の多くは、寺と神社の違いをあまり理解しないまま参拝をする。日本では、元々あった神道に、インドではじまった仏教が中国経由で伝来して混然一体となり、近代になって西洋思想や科学的な世界観などが加わったという歴史的背景がある。その結果、地獄には劇画風の鬼がいて、天国には西洋画風の天使がいて、トイレにも神様がいる。アニメやTVなどの娯楽作品では、神々や精霊の力で敵と戦い、死者は復活し、産まれる前や死んだ後に干渉できるタイムマシーンがある。占いでは前世や守護霊の存在が語られ、心霊スポットでは幽霊や怨念が恐れられ、パワースポットでは霊的エネルギーによって癒しを得る。こうした、一貫性のない、刹那的で、様々な素材を都合よくつぎはぎにした、娯楽、ファッションの域を出ていない死生観が現代には溢れかえっている。本来は宗教的死生観に基づくものである冠婚葬祭や各種の儀礼、物語伝承なども、受け継がれてはいるが、本来の宗教的、思想的意味合いは薄れ、形骸《けいがい》化している。

こんなことを言って現代人の軽率さを非難したいのではない。ただ、高僧の説く輪廻説とは違い、大学生がアニメに共感して回答した「生まれ変わる」は、現実の日常生活の意識や態度と矛盾している。**ほとんどの現代人の死生観は、生きる指針になどなっていない、突き詰めれば矛盾だらけの脆《もろ》いものだ。そしてこの事実は、現代人にとって死生観など不要だということの証明でもある。**

かつて宗教的死生観は、人々に救いを説き、「今、ここ、私」の具体的な行動を導く指針として欠かせないものであったが、いまや宗教も死生観も、わざわざ求めるものではない。そんなものなくても生きていけるし、考える価値もない。死生観を問われれば答えることはできるが、それが自分の生き方の指針にはなっていない。

では、宗教の代わりに何が生の基準になっているのか。正直なところ、その答えは「なんとなく」ではないだろうか。なんとなく、こうするのがよい生き方で、なんとなく、人はこうするべきで、なんとなく、死んだらこうなるだろうと、なんとなく理解している。なんとなくというと聞こえは悪いが、それは歴史や文化が育んできた様々な環境に身を置くことで、いつのまにか、当然のように、感覚的に獲得されるものである。そのなかには、科学の知見や宗教の伝統も入り込んでいるから、なんとなくだからダメ、ということはない。

なんとなくの死生観は、生きる意味や死後の世界に対するまともな答えを必要とせず、興ない。

味関心を抱かない。**現代人にとっては、確たる死生観などなくても、なんとなくの死生観で****事足りる。**現状で支障はないから、他の死生観を求める必要がないし、語られても心に響かない。

人生は暇つぶし――考えない葦《あし》――

「人間は考える葦《あし》である」というパスカルの有名な言葉は、先述の賭けの議論につながっている。人間は、川辺で漂う雑草（葦《あし》）と同じく、この広い宇宙のなかであまりにもちっぽけで無力な存在である。だが人間は、考えることができる。考えることは、人間だけがもつ能力なのだ。と、ここまでならただの名言なのだが、この話には続きがある。

雑草は自分が「雑草」だと知らないが、弱いくせに頭がいい人間は、自分が雑草のように弱いことを知っている。そして自分や大切な人たちがいずれは死んでしまうことも知ってしまう。この悲惨な運命を知ったとき、人間はどうするかというと、それについて考えないようにする。

人間の弱さ、そして死にゆく運命。現実は耐えがたく、避けがたい。考えれば考えるほど、絶望は深まっていく。そこで考える葦たちは、考えるのを止めた。考えなければ、絶望しなくてすむからだ。その代わりに、遊びや勉強や仕事について考え、そこに意味を見出し、幸福を感じるようになった。

こうした態度は死生観のコース3―3で紹介したモンテーニュと、彼が称賛した愚かな民衆たちの姿に重なる。しかしパスカルは、この態度を否定する。**世界や人間の本質、魂の永遠性といった、よく生きる上で極めて重要な事実についてはなにも考えず、ゲームの勝敗やお金儲けや恋愛やビジネスのことばかり考える人々は、「どうでもいいことばかり考えて最も重要な問題を無視する人々」であり、せっかくの考える能力をムダにしているのだ、と。**

ただし、パスカルがどうでもいいことばかり考えて楽しんでいる人たちを否定するのは、どうでもよくない重要な問題について理性と情熱をもって考えれば、その先に絶望を超えた幸福があるという展望を描いているからである。その道こそがキリスト教の信仰であり、その合理的説明がパスカルの賭けだ。パスカルの描くストーリーは、有限で無力で絶望的だと思っていた人間は、実はキリスト教によって永遠に幸福になれるという、設定そのものがひっくり返るハッピーエンドである。大逆転のハッピーエンドが前提にあるからこそ、考えない人、信じない人は、永遠の幸福のチャンスをみすみす逃す最も不幸な生き方をしているといえるのだ。

しかし残念なことに多くの現代人は、理屈ではその合理性を否定できないにも関わらず、宗教というハッピーエンドに賛同しない。信じるだけで3位の人生を脱して1位か2位の人生を歩めるのに、どうしてもそれができない。理由はよくわからないが、信じられないという現実がある限り、大逆転の道は閉ざされてしまう。

となるとやはり、信じられない人にとっては、生きる意味や魂の不滅といった生と死の問題、すなわち死生観について下手に考えても、そこには絶望しかないということになる。だとすれば、**自分が雑草のように弱いことを一瞬でも考えないことが、幸せに生きるためのコツということになる。**パスカルは、悲惨な運命を考えないためのどうでもいいことを「気晴らし」と呼んだが、それが信仰を持たない人間が絶望を避けるための唯一の方法なら、率先して求めるべきだろう。

こうして、どうでもよくないことを考えないようにと考えた考える葦は、気晴らしにすぎなかった仕事や恋愛や生活に没頭し、それこそが人生でもっとも考えるべきことだと考えるようになり、死後の世界はオカルトで、生きる意味なんて青臭いといって、死生観を考えることの方がどうでもいいことだという逆転にまで成功した。

しかしそれでも考える葦は考える葦なので、挫折したときや、何もしないでぼーっとしているときなど、ふと人生について考えてしまうことがある。そこで、悲惨な運命に絶望したり、人生の虚しさに気づいてしまう危険がある。それはまずい。それを防ぐためには、常に没頭できる暇つぶしがあったほうがよい。つまり、人生を暇つぶしで埋め尽くすことこそが、よく生きることなのだ。「人生は暇つぶしである」などということも、既に人生について考えてしまっているので、できれば考えない方がいい。

その点、現代人にはスマートフォンがあるので、真夜中でも満員電車でも、常に何かをし続けることができる。ぼーっとして人生を考える隙はない。スマートフォンのおかげで、私たちは考えて絶望してしまうリスクを大幅に減らせている。まさによく生きるための道具だ。

確たる死生観をもてといわれて、真っ向から否定する人は少ないかもしれない。しかしそんなお説教には誰も従わない。そんなこと考えても楽しくないし、**忙しい世の中では、生きる意味について考えるよりも、もっと考えるべきことがあるのだ。**

嫌なことは考えない方がいい。ですよね？

残念ながら、人生の暇つぶしがうまく機能せず、考えたくなくても絶望的な現実について考えてしまうときもある。その最大最悪の例が、死である。自分が死にそうになったとき、大切な人が死んでしまったとき、人は恐怖、悲しみ、絶望を抑えることができない。この感情とともに、どうしようもなく、生きること、死ぬこと、死後、魂、生きる意味などに関する問いが溢れてくる。目の前にごちそうがあろうがスマートフォンの新機種があろうが、死を前にして暇つぶしに興じる気持ちにはなれない。

しかし、避けられない死と生の問いに対して、いったいどんな解決策があるというのか。どんなに考えたところで、死にゆく運命は変えられないし、死後の世界は謎である。死から連想する言葉を考えてみても、「怖い」「痛い」「苦しい」「悲しい」「別れ」「孤独」「闇」「死神」「終わり」など、ネガティブなものばかりだ。信仰に目覚めるならともかく、考えてもつらくなるだけなら、できる限り考えたくはない。

日本人に「お綺麗ですね」と言われたら、「ありがとうございます」ではなく、「いえいえ、そんなことないです」と返さないと、自惚《うぬぼ》れていると思われてしまう。同様に、本当に死が近い人に「私はもうすぐ死ぬから…」と言われたら、「そうですね。あなたが死んだら…」ではなく、「いえいえ、まだ元気でいてください」と言わないと、冷酷な人間だと思われてしまう。そして、元気でいてくださいと言われた方は、元気でいなくてはいけないのだから、それ以上、自分の死について話ができなくなってしまう。

このように、**死に関する話題はすぐさま消えてしまうし、そもそも話題にすることが好まれない。**普段は「マジ死にそう」とか「ぜったい殺す」などと気軽にいう若者たちですら、本当に死にそうな人の前では、死という言葉を使おうとしない。よほどの事情がない限り、人は本当に誰かに死んでほしいなどとは思わない。まだ元気でいてほしいというのは、社交辞令ではなく本心だろう。

自分が死ぬのは怖いし、他人が死ぬのは悲しい。死は不幸なので、なるべくあってほしくない。だからこそ、笑える冗談ならともかく、生きている人の死を語ることは、相手を暗く不快な気持ちにさせることであり、不謹慎なことでもある。それゆえ、死を語らないことは、社会的に要請されるマナーとなる。

仮に死や死後について自分が興味をもっていても、それを人に語ることは勇気がいる。それほどに、現代は死をタブー視している。タブーというのは、大事だからこそ触れることを禁じられるものであり、どうでもいいことではない。公然と語ることが許されない人類の二大タブーが、死と性（「下ネタ」と言い換えてもいい）である。

そして、タブー視されているからこそ、それを破る興奮が生じる。だから仲間内での下ネタは楽しいし、ネット上では「死ね」という言葉が溢れる。また、マンガや映画などでは頻《ひん》繁《ぱん》に死が登場するが、それらの死は、フィクションであるがゆえに、リアリティがなく、不謹慎でもない。リアルな死がタブー視される一方で、悲劇的な感情を取り去ったリアルでない死は、ちょうどいい感動と興奮をもたらすエンターテインメントの手段として日常に蔓延《まんえん》し、なんとなくの死生観をつくるのに影響している。現代人が経験する死はリアリティのない死ばかりなので、もはや死が恐ろしいものだという感覚すらなくなりつつある。

リアルな死の語りをタブー視する傾向は、実際に死に向き合っている人々にも色濃く表れる。たとえば終末期患者が、自分の死や人生について家族と話したいと思っても、それが家族を悲しませ、不安にさせてしまうことを気遣い、別の楽しい会話だけをしようとする。一方で家族も、葬儀や遺産のことを含め、死について話したいことはあるが、愛する人を悲しませ、不安にさせてしまうことを気遣い、別の楽しい会話だけをしようとする。本当はお互いが死について話し合いたくても、相手を気遣う気持ちがそれを阻《はば》み、最期のときを表面的な会話だけで過ごすことになる。ただしそれでも、（表面的には）悲しみのないハッピーエンドということにはなる。

考えたくなくても考えなくてはいけない、あるいは考えておいた方がいいことはたくさんある。怪我や病気をしたときのこと、デートの日に雨が降るかもしれないことなどは、もしものときに備えがあると役に立つ。つらい勉強や仕事も、できれば考えたくないが、将来のためには、考えないわけにはいかない。

しかし、死はどうだろう。**葬式や遺産など、準備しておいた方がいいこともあるが、死生観や哲学のレベルでは、死は考えたくなくても考えなくてはいけないことなのだろうか。**考えたら暗くなるし、相手も不愉快だろうし、不謹慎なテーマでもある。わざわざそんな嫌なことを考える必要はないし、考えたところで、いいことなんてあるのだろうか。その答えは、考えない人ではなく、考えた人たちの現場にあるはずだ。しかし現代において、その現場に異変が起きている。「楽園化」という異変である。

第3章　楽園の哲学

1　ふたたび井の中の蛙問題

人生の損益計算

第1章の井の中の蛙問題では、大きく分けて3通りの生き方があった。

1匹目のカエルは、まさしく井の中の蛙のことわざ通り、外の世界を知ることも、知らされることもなく、井戸の中で幸せを感じて生きている。自分が世界について無知だという自覚もなく、小さな世界で自由に生きている。小さな世界なりにちょっとしたトラブルはあるかもしれないが、自分の力をもってすれば、だいたいのことは解決できるので問題はない。

2匹目のカエルは、外の世界を知り、新しい世界で幸福に生きている。井戸の世界ではおよそ味わえない感動と興奮、新たな仲間たち。それはかつて井の中で感じていた幸福よりもスケールの大きい、充実感に満ちたものであり、成長や進歩が実感できる。今の自分は、あのころよりも幸せだという確信がある。だからこそ、「知ってよかった」と思い、知らなかった過去の日々を思い、「なんてもったいなかったんだろう」と後悔さえする。

3匹目のカエルは、外の世界を知り、新しい世界に飛び出したものの、うまくいかず、不幸を感じて生きている。小さな世界で思うままにできていたことが、外の世界では通用しない。厳しい現実、他人の悪意、運の悪さも手伝って、失敗、挫折を繰り返し、苦しみや、無力さや、虚しさばかりを感じる日々。サラリーマンが小学生を見て感じるように、井戸の中にいた無垢な自分を思い出し、「あの頃はよかったな」としみじみ思う。

この3匹のなかで最も幸福なのはどのカエルだろうか。3匹目のカエルは不幸を自覚しているから脱落するとして、問題は、どちらも幸福を感じている1匹目と2匹目だ。1匹目のカエルが外の世界を知らないのに対して、2匹目のカエルは外の世界を経験し、両方の幸福を比較したうえで自分がより幸福だと判断している。知って、経験して、比較している分、2匹目のカエルの幸福の方が優位に思える。

2匹目のカエルが「知ってよかった」、「なんてもったいなかったんだろう」というときの感覚を客観的に説明するためには、経済学で用いられる「機会費用」という考え方を適用するとわかりやすい。機会費用とは、ある選択による利害を、その選択をしなかった場合に得られていたであろう最善の利益と比較して考えるというものである。たとえば家でゲームをするという行為は、それ自体は費用なしに楽しめる利益であるが、そのゲームをしている時間に働いていれば得られたであろう収入を失っているともいえる。

何かを選ぶことは、何かを選ばないことでもある。選ばなかった方により高い価値があるならば、損をしていることになる。なんとも息の詰まる考え方であるが、この損益計算を人生の選択に当てはめて考えてみると、**1匹目のカエルは、たしかに幸福という利益を得ているが、2匹目のカエルがより質の高い幸福を得ているとすれば、2つの幸福の差額分を損していることになる。**

それゆえ、機会費用に基づく損益計算の観点では、井の中の蛙問題の第一の問い「本人が幸せと思えばそれでいいのか？」に関しては、否定まではしなくとも、損をしているので、それでよいとはいえないだろう。

しかし、損益計算をする上で、大事なことを忘れてはいけない。まず一つは、井の中の蛙問題の第二の問い「いつまでも知を求め続ける意味はあるのか？」である。

仮に1匹目のカエルよりも2匹目のカエルの方が優れているとしても、2匹目のカエルのなかにも優劣がある。そして2匹目のカエルのなかで最大の利益を得ていると思われるカエルも、暫定チャンピオンでしかない。つまりチャンピオンですら、機会費用的には損をしている可能性がいつまでも残り続ける。**機会費用を基準に生きようとすると、最善の利益を求めて、いつまでも向上心をもたねばならない。**それはなかなかハードな生き方だ。

第二の問題に付随して、第三の問題「知ることのリスクを負ってまで、新たな知を求めるべきか？」がでてくる。2匹目のカエルが最も幸福だとしても、皆がそうなれるわけではない。2匹目のカエルは、いわば成功者であり、その陰には多くの敗北者（＝不幸な3匹目のカエル）がいるということを忘れてはいけない。

2匹目と3匹目のカエルを分けるのは、本人の希望ではなく、現実の結果である。2匹目のカエルであり続けるには、実力もさることながら、運も関わってくる。しかし、**向上心をもって外に飛び出し、多くを求めれば求めるほど、失敗する可能性は増すし、「知らない方がよかった」や「自分ではこれ以上はムリだ」など、根本的な部分での挫折を知る可能性がでてくる。**

それゆえ、損益計算をして外に出るかどうかを考えるならば、1匹目と2匹目のカエルを比べるだけでなく、外に出ると3匹目のカエルになってしまうリスクがあるということも考慮しなければならない。

「ここでいい」4匹目のカエル

人間は心理的に、プラスよりマイナス（得ることより失うこと）を優先して意識する傾向があるそうだ。未知なものがあれば、まずは警戒して無防備に近づかないし、楽しい思い出より嫌な思い出の方が記憶に残る。お金に関しても、100万円もらえるチャンスより、100万円失うピンチの方が真剣になる。リスクを恐れ、失敗を避けることは、生存本能といってもいい。

ビジネスでよくいう「リスクを恐れるな」というメッセージは、人間は本能的にリスクを恐れてしまうから、勇気をもってその心理に逆らわないと、状況を打開し利益を生むことはできない、という意味である。だが、現状が幸福であり、状況を打開する必要がないならば、わざわざ本能に逆らってリスクを侵す必要などあるだろうか。そう考えたとき、人生の選択に別の可能性、すなわち4匹目のカエルが現れる。

カエルは井戸の中にいる。しかし、1匹目のカエルと違い、自分が井の中の蛙であることを知っている。**4匹目のカエルは、外の世界があることを知った上で、「リスクがあるし、今幸せだから」という理由で、「ここでいいや」と言って、あえて井の中に留まる。**井の中にいれば、3匹目のカエルのように、思い通りにいかなかったり、自分より強い未知の生物に傷つけられたりして不幸になるリスクはなく、安心安全な幸福を生きることができるのだ。

「より幸福になるかもしれないが不幸になるかもしれない生き方」より「幸福かつ決して不幸にならない生き方」はリスクマネジメントの観点からすれば、魅力的である。比較して考えると、2匹目のカエルは、オープンマインドな性格で、未知なものに積極的に関わってよりよい幸福を得ようとするハイリスクハイリターン型の生き方であり、それに対して4匹目のカエルは、安心安全を好む堅実な性格で、目の前にあるものを大切にするローリスクローリターン型の生き方といえるかもしれない。

こう考えると、最も幸せなのは外に出る2匹目のカエルだが、確実に幸せなのは井の中の1匹目か4匹目のカエルということになる。外に出るか否か、どちらの選択がよりよい生き方なのかを決めるのは、本人の価値観次第ということになりそうだ（ちなみに1匹目のカエルは井戸の中にいることを自分で選択したわけではなく、リスクの存在すら知らないので、自分の生き方がローリスクローリターンである自覚もない）。

ところが、**4匹目のカエルのなかには、井の中に留まることは2匹目のカエルより幸福で、ローリスクハイリターンであると主張する者もいる。**その主張はたとえば、井戸の中では狭くても深い人間関係が育めるのに対して、外に出る2匹目のカエルは、活動範囲を広げるために広く浅い人間関係ばかりを構築し、複雑で表面的な人間関係のしがらみのなかで、やがて本末転倒し、他人を損得感情で評価したり、幸福を承認欲求でしか満たせないような、軽薄な人間になってしまうといったものだ。しかも、上述の通り、「向上心」とはいつまでも満たされないことの裏返しであり、エピクロスが言うように、いたずらに人生の苦しみを増やす不要な欲求ともいえる。そんな幸福よりも、目の前の大切なものを大切にすることこそが、最高でもっとも心地よい生き方なのではないか。

「外の世界より井戸の中の世界の方がよい」というための理屈は、他にいくらでも用意することができる。だが2匹目のカエルはこれを聞いて、ただの負け惜しみとか、3匹目のカエルになるのが怖いから理論武装をして自分を正当化しているだけだと、冷笑しながら反論するだろう。

何が最高の幸せかを決める基準がないので、議論はカエルの水掛け論とならざるをえない。

知と幸福とハゲ頭

井戸の外を知らない幸福なカエル、知って外に出て幸福なカエル、知って外に出て不幸なカエル、知って外に出ないで幸福なカエル。ここでは、知っているか否か、外に出るか否か、幸福か不幸か、という二項対立がある。しかし、二項対立の組み合わせだけで人生を区分するのは、あまりに現実を簡略化しすぎている。**二者択一図式はわかりやすい反面、致命的な本末転倒をもたらしやすい。というのは、現実は白か黒かはっきりしないグレーゾーンだらけだからである。**

この世界がグレーゾーンだらけということを理解してもらうために、ハゲ頭のパラドックス（別名は砂山のパラドックス）を紹介しておこう。

スキンヘッドのハゲ頭に毛を一本足しても、ハゲである。2本でもハゲ。3本でもハゲ。しかしそうやって一本ずつ足していくと、どこかでハゲがハゲでなくなり、少なくとも10万本まで足していけばフサフサになる。逆に10万本のフサフサの人の毛を1本抜いてもフサフサだが、1本ずつ抜いていけば、いつかはハゲになる。しかしその境界線はどこにあるのか。

0本のハゲと10万本のフサフサという、**二つの対立する状態ははっきり見分けることができるのに、その間にはグレーゾーンがあるので、境界線がわからない**というのがハゲ頭のパラドックス（逆説）である。ハゲとフサフサに限らず、砂粒と砂山、貧乏と金持ち、チビとノッポ、寒いと暑い、遅いと速い、白と黒など、量や程度に関わる対概念《ついがいねん》は、基本的に境界が曖昧だ。

「やるかやらないか」や「どれにするか」といった明確な区切りがあるものを選択するのとは違い、真っ白から真っ黒までのグラデーションのなかのどこかに境界線を引くのは簡単ではない、というかムリがある。

ただし、この問題には簡単な解決法がある。たとえば「毛が6万本以上あればフサフサとする」というように、測量可能な定義をつくることだ。しかし59999本と60000本の間に、フサフサをフサフサたらしめる決定的な何かがあるわけではない。便宜上、特定の数値が設定されるだけで、キリの悪さを気にしなければ境界線は59999本でも60001本でも支障はない。

だが、定義をつくることにも弊害がある。たとえば毛が65000本あるフサフサな人よりも、55000本しかないが、1本1本の毛が太くて長い人の方がフサフサに見えるということもある。つまり、定義上の判断と直感的な判断が逆になる。

せっかく決めた定義なので、例外を認めたくない気持ちはわかるが、そもそも直感を言語化・数値化するための定義であるから、それは矛盾している。しかし、矛盾しているからといって、簡単に例外を認めたりルールを変えたりするわけにはいかない。変更に歯止めが効かなくなったら、せっかく定義した意味がないし、今さら変えたら、過去に不当にハゲ扱いされた5999本の人に示しがつかない。境界づけの作業が機能不全に陥《おちい》るくらいなら、矛盾や不公平はある程度はしかたがないこととして進めていくしかない。

試験の合格ラインも、628点の人と627点の人の間に、合格に値するかどうかの決定的な学力の違いはないが、合格者数などの関係で、そこに後の人生を左右するほどの境界線を引かざるをえない。**直感や実態との多少のズレがあるとしても、現実で事を進めていくためには、グレーゾーンのなかにありもしない境界線を引かなければならない事情がある。**

そして、幸福と不幸、知と無知（賢いとバカ）もまた、グレーゾーンをもっている。幸福の優劣については既に述べたが、幸福のグラデーションの先には不幸があり、何が最大の幸福（純白）で何が最大の不幸（真っ黒）であるか、そして自分がそのどこに位置するのかを決めるのは、それぞれの死生観次第であって、客観的には決められない。幸福と不幸にグレーゾーンがあるということは、2匹目のカエルと3匹目のカエルの区別は曖昧だということである。

「知る」ということは基本的に、価値判断を含まない事実認識ではあるが、知者と無知者は明確に分けることはできない。テストで境界線を引くことは便宜的に可能だが、知っての通り、テストだけでその人の知性を決めることはおおいに疑問である。

そして、知性や賢さだけでなく、「○○について知っている」という特定の対象についての知識も、事情は変わらない。すなわち、**「井戸の外について知っている」といっても、それは「知っているか否か」のみならず、「どのくらい知っているか」の問題でもある。さらに、どのくらい知ってはじめて知っていると言えるのかを区別する境界線もまた、便宜的なものでしかない。**

本当の愛はどこにある？

偶然に知ったことが人生の転機になるということは、多少なりとも経験があるだろう。無論、何を知り、そのうちの何に心を動かされるかは人それぞれだ。あなたの人生を変えてしまうかもしれない未知なる大海の候補を思いつくままに挙げれば、恋愛、結婚、勉強、仕事、友人、出産、海外旅行、ボランティア、音楽、グルメ、酒、ギャンブル、ドラッグ、登山、スキューバダイビング、ゲーム、ファッション、SNS、あるいは災害、事件、事故、政治、宗教、ＡＩなど。

だが、たとえば「恋愛を知る」とは、何を意味するのだろうか。「恋愛」という言葉や、友人の話やマンガなどで恋愛を見聞きしている人は、恋愛を知っているといえるだろうか。

結婚願望どころか恋愛願望すらない若者が増えてきているらしい。恋愛には膨大な時間とお金がかかるし、恋人としてやるべき「責任と義務」も発生する。関係がうまくいかず傷つけ合うこともあるし、好きという感情も、好きでいてもらおうとする情熱も、数年も経てば消え失せるだろう。拘束されることによる機会損失を考えると、不自由で不安定な恋愛はコストパフォーマンスが低すぎる。よって、恋愛など全く必要がない（まして結婚などありえない）と考えるのは、きわめて合理的な判断である。

ところが、そんな若者に対して、豊富な経験をもつ恋愛マスターは、「君は恋愛のことを何もわかってないね」とか、「愛ってそういうことじゃないよ」とやさしく教えてくれる。抽象的な意見で、なんの説明にもなっていない。とはいえ、恋愛マスターも恋愛のデメリットなど百も承知のはずだ。それでも恋愛を肯定しているとすれば、そこには、合理的ではない、なおかつ言葉で説明できない何かがあるということなのだろう。恋愛を知ることは、円周率を覚えることとは少し違うようだ。

「知る」と一言でいっても、そこには様々な種類の知がある。恋愛を知るということも、エピソード、テクニック、統計データ、生物学的分析など、知のアプローチは様々である。そして、知のかたちとして、体験知というものがある。自分が実際に経験することで得られる知は、言葉でうまく説明できないかたちで、自分の生き方に強く影響することがある。恋愛マスターが知っていて、伝えたいのもこれだ。恋愛マニュアルや少女マンガを読むだけでは決してわからない、恋愛の真髄《しんずい》とか本質のようなものが、体験知によって理解できるということだ。

ただし、本当の意味で恋愛を知るためには、一度だけ交際をすればいいというわけではなく、それなりの経験（深さや多様性や回数や期間）が求められるようだ。では、どんな経験をすれば本当の意味で恋愛を知ったことになるのだろうか。交際歴が豊富ならよいのか。それは、一度も会ったことのない相手や、架空のキャラクターとの交際では知ることができないのだろうか（そもそもそれは体験知に入るのか）。

勉強したあなたが、「円周率の100桁目の数字は9ですか？」と数学者達に聞けば、そうだと答えてくれる。しかし、恋愛をしたあなたが「他の全てを投げ捨ててもその人のために生きたいと思うのが本当の恋愛ですか？」と恋愛マスター達に聞けば、反応は様々だろう。恋愛マスターたちの常套句《じょうとうく》は「君はまだ本当の恋愛を知らない」である。恋愛マスターそれぞれに持論があり、必ずしも意見は一致しない。ときにはマスター同士で対立し「あんたは本当の恋愛をわかってない」と言い争うこともある。

円周率とは違って、「本当の恋愛」は価値判断を含むから、絶対の答えはないようだ。恋愛マスターたちが獲得してきた豊富な体験知も、人間である以上、有限回かつ固有で、偶然のものでしかない。見た目がいいマスターとそうでないマスターでは、経験の仕方も恋愛についての考え方も異なるだろう。**誰もが偏った知識と経験から恋愛を語っている。それゆえ、価値判断は常に変化の可能性にさらされている。**なにせ、恋愛マスターいわく、新しい恋は全てをひっくり返すこともあるのだから。

井の中の蛙問題の「知る」をめぐる困難は二重になっている。ひとつは、ある対象についての「本当の知」が何かということに共通の基準がないこと。もう一つは、本当の知が何かわかったとしても、何をもってそれを知ったといえるのかの基準がないことである。

仮に本当の恋愛が『他の全てを投げ捨てられること』であったとして、それを恋愛マスターの言葉として聞き知ったのと、自らの体験知をもって実感したのでは知の質がかなり異なりそうだ。しかし、実感といっても、授業をサボってデートすればいいのか、仕事も親も捨てて駆け落ちすればいいのか、その境界線は不明だ。

知と無知にグレーゾーンがあるということは、1匹目と4匹目のカエルの区別、そして2匹目と4匹目のカエルの区別が曖昧だということを意味する。なぜなら、何をもって知っているといえるのかと、何をもって井戸の外に出たかが曖昧だからである。

恋愛という言葉すら知らない1匹目のカエルはいないだろうが、コストパフォーマンスを重視して恋愛をしない自分に満足している人は、恋愛を知っている4匹目のカエルといえるのだろうか。何度も離婚を経験して「もう恋なんてしない」とため息まじりにいう人は、外に出て戻ってきたのか、それとも井戸の中をうろついているだけなのか。初恋に浮かれている若者や、不倫をしている大人は、井戸の外にいる2匹目のカエルといえるのか。

二者択一の思考を捨て、知のグレーゾーンという現実を踏まえると、「どれか」ではなく、「どれに近いか」という視点をもつ必要があることがわかる。そして、自分が本当に知っているのか、本当に幸福なのかを疑うと、自分が何匹目のカエルなのかすらわからなくなる。

2　考えない常識人たちの楽園

楽園誕生

3匹目のカエルにはなりたくないが、新しい世界に積極的に飛び出し、より大きな成功をつかんでいる2匹目のカエルはやはり魅力的だ。しかし、誰もがリスクを顧みず冒険に飛び出すヒーローを目指していたら、人類（ホモ＝サピエンス）はここまで繁栄することなく、とっくに絶滅していただろう。リスクを犯さないことは生存戦略の基本である。いつの時代も、大多数の人間は冒険よりも安定した生活を優先する。

リスク覚悟で変化を求める少数者と、リスクを取らない多数者のバランスが、人類を発展させてきた。日々の生活は、一部のヒーローや天才のみならず、多くの人々の素朴な努力に支えられている。毎日の食事も、誰かが育て、誰かが運び、誰かが売ってくれるからここにある。科学や技術の世界でも、偉大な発明の後に、多くの地道な研究がそれをフォローしていくことではじめて具体的な成果となる。そのどちらも欠かせない。

そうやって人類が積み重ねてきた知識や技術は、この世界をますます安心安全にしてきた。食料の安定供給、衛生環境や治安の改善、医療技術の発展などにより、人類の主たる死因であり続けてきた飢餓や感染症、事件や事故（あるいは戦争）で死ぬリスクは劇的に減少している。餓死するほどの貧困は世界的に解消されつつあり、ケガや病気も医者が治してくれる。生命の危険がない社会は、喜ばしいかぎりだ。

それどころか、飲食店やスーパーマーケットによって毎日の食事は多様で簡易になり、飛行機や車、鉄道などの交通網が整備され、室内の温度は一年中一定に保たれ、スマートフォンで知りたいことを調べ、ゲームで遊び、投資をしてお金を稼ぐこともできる。おそらくこの先も、私たちの生活はますます便利になっていくだろう。

豊かで恵まれた環境であれば、暴力も減っていく。機械化が進めば、過酷な肉体労働で苦しむこともない。争いの種となる貧困や、病気やケガの元となる危険が減り、世界は平和になっていく。人々は、神や王や家の命令に従うのではなく、ひとりひとりが個人としての権利と自由をもつようになった。

人類は、ひと昔前の人たちが想像できないような、安心安全で便利で豊かで自由な世界をつくりあげた。今はもう、コンビニがあるから閉店時刻を気にする必要はない。今はもう、スマートフォンがあるから直接会って話す必要はない。今はもう、美しいアニメキャラがいるから恋人をつくる必要はない。もちろん、閉店時刻を気にすることや、実在する恋人と直接会うことによって得られるものはある。しかし、なくても問題がないということは、必要がないということだ。実際にそれらを「必要ない」という人は増えていくばかりである。**生きていくために危険を犯す必要もなければ、危険が訪れる気配もない。できることはたくさんあるし、どこにだって行ける。ほしいものは、ある程度の努力でほとんど手に入れられる。こんな快適な現代は、楽園と呼ぶにふさわしい。**

井戸は、かつて井戸の外にあったものを取り込みながら拡大し、誰でも安心安全に生きられるかたちで、可能性を増大させてきた。もはや井戸の外に憧れることはない。井戸の外にここ以上のなにかがあるかは疑わしく、少なくとも自分が傷ついたり、家族を不幸にさせたりするリスクを犯してまで、それを求める気にはならない。

人類は「ここでいい」どころか「ここがいい」と思わせるほどの楽園をつくり、4匹目のカエルに繁栄をもたらした。

専門家による処理システム

当事者には当たり前すぎてそのすごさがわからないのかもしれないが、現代の楽園がいかに楽園であるかを理解することは、さらなる安心につながるだろう。特筆すべきは、楽園のリスク回避能力である。上述の通り、技術や社会制度によって、大きなリスクそのものがなくなってきているが、ゼロになったわけではない。そうした避けられないリスクを、目の前にあるときでさえ巧妙に処理できてしまうのが、楽園のシステムだ。

今なお存在する代表的なリスクが、死である。死に対するリスク回避の実態を理解すれば、楽園のシステムの概要がわかるだろう。

そもそも現代人は、リアルな死に直面することがあまりない。乳幼児の死亡率は劇的に減少し、平均寿命も伸び続けている。それもまた、楽園の技術がもたらした功績である。しかし、現代でも人間が死なないわけではない。高齢化している日本では、むしろ死亡者数も死亡率も増加傾向にある。にもかかわらず、日常にリアルな死がないのはなぜだろうか。

原因のひとつは、核家族化や過疎化による世代間交流の減少である。現代人のほとんどは老いてから死ぬ。かつての老人は、自宅で生活を共にする子や孫に囲まれながら死んでいった。周囲の者達は、死ぬときだけではなく、老いと死にゆく過程を日常生活のなかで経験していた。しかし現代では、祖父母は一年に数回会いにいく存在であり、共に日常生活を営む者ではなくなった。そして彼らの死は、日常生活を切り裂く突然の出来事として報告される。老いと、死にゆく過程と、死の瞬間は、非日常かつ断片的に経験されるようになった。

家族以外でも、地域コミュニティなどによる世代間交流がなくなると、老人は老人とだけ関わるようになり、別世代が老人の老いと死を経験する機会はなくなっていく。

そして、現代の死の特徴を語る上で外すことができないのは、「死の医療化」である。簡単にいえば、**死は医療のなかで処理されるべき出来事になった**ということである。人は死にそうになると医者に行くし、医者が死亡診断を書いてはじめて社会的に死亡が認められる。日本ではかつて当たり前だった在宅死よりも、病院死の割合が圧倒的に多い。

死の医療化は、「命を救うため」という絶対的な正義の下で、死の現場を、自宅という私的で日常的な空間から引き離し、病院や福祉施設といった公的で非日常的な空間に隔離するようになった。そこでは、死という生物の運命に抗《あらが》うプロフェッショナル集団が24時間体制で働いている。

医療行為は科学的世界観をベースにした医学の知識と技術に基づいて行われる。客観的、合理的な分析から治療法を選択し、難しいケースでも、カンファレンスやガイドラインを利用しながら最適な方法を検討する。医療が高度化していくなかで、どの治療が患者にとって最善なのか、客観的には判断できない状況がでてきた。そうしたときに、医療従事者は適切な情報と選択肢を提示するのが役割であり、最終的な判断は患者本人が行うのが原則になっている。

しかしそれは逆にいえば、医療従事者は専門家としての仕事をすればよいので、個人として主体的に考える必要がないということでもある。もちろん、医療従事者も感情移入はするだろうし、思いやりのある言葉が患者や家族の励みになるので、それは必要かもしれないが、医療従事者は社会的責任をもつ職業であり、仕事として生と死に向き合っているから、専門家としての判断や責務に反するような個人的な感情や主義を優先することは決して許されない。患者を罵倒すること、美人だけを優遇すること、安楽死を勧めること等々、個人としてそれをやりたいと思ってもそれはできない。

専門家に求められるのは、専門家としての対応である。やるべきことが合理的に判断できて、個人として考える必要がないのなら（その上、日々の激務に追われていればなおさら）、必要なこと以外は考えなくなるのは当然である。

他人であり仕事である医療従事者は個人的に考えなくても、当事者として最終的な意思決定を行う患者本人や家族は考えざるをえない。しかし、病や死に不慣れなまま病院に連れてこられた、なんとなくの死生観をもつ患者や家族は、医師から説明を受け、選択肢を与えられても、どうしていいかわからない。

そして、**目の前にあっても死を考えたくない人にとって、権威と実績をもって最善を示してくれる医学的な価値観や、「死に際はこうあるべきだ」という社会的通念は、依存するにはもってこいである。**そのため、患者の自己決定は、自分で主体的に考えるのではなく、他人の意見に従い、「同意」するかたちで行われる傾向にある。こうして、本人も家族も医療従事者も、誰も主体的に考えることのないまま、自己決定に基づく、合理的かつ社会的に妥当な方法で一人の人間の死が処理されることになる。

「命を救うため」という大義名分をもつ医療は、死のみならず、たとえば出産（周産期）も管理する。いつしか人間は病院で産まれ、病院で死ぬようになった。さらに医師たちは病院を飛び出して、「人々の健康を守るため」に、1日3食と適度な運動を「理想的な生活」といって推奨し、肥満や喫煙などの不摂生を控えるべきだと注意し、アンチエイジングのための運動や商品を考案する。日常生活を含む生老病死の全てについて、医療が、すべきこととすべきでないこと、理想的な生き方とはどのようなものか、私たちに教えてくれる。

しかし、医療従事者の見解や理想は、あくまで医学的な価値観に基づく客観的判断だということを忘れてはならない。**医療の目的は治療であり、健康である。だが、人生の目的は治療でも健康でもない。健康第一とはいうものの、不健康が人間として悪であり、よく生きて**

いないというわけではない。医療が信頼できるものだとしても、人生の全てを委《ゆだ》ねるようなものではない。にもかかわらず、無批判に医療の価値観に従い、自分が肥満や病弱だというだけで罪悪感や劣等感を抱いてしまうようなら、「健康のために生きる」という本末転倒した生き方をしていないか、反省してみる価値はあるだろう。

死や不健康に対する医療の対応は、現代の楽園のシステムの象徴である。医療に限らず、**現代の楽園では、自分が考えたくないことや、考えてもわからないことは、専門家たちがつくった処理システムが代行してくれる。**専門家たちが客観的分析から導き出した「こういう場合はこうするべきだ」という答えに、当事者は従えばいいのであり、理解できなくても、考えなくても、お金と印鑑を用意すればいいようになっている。向き合わなくてすむので、リスクを恐れる気持ちが緩和され、楽園の安心安全はさらに強化される。

専門家による処理システムに任せれば、最後まで誰も主体的に考えずに事がすむ。しかし専門家の価値観が、限定された領域における価値観にすぎないということはあまり考慮されないようだ。

人と違うことのリスク

井戸の中が楽園化すると、外に出るリスクには、外の世界で失敗、挫折することだけではない別の要因が加わる。それは、「人と違うことのリスク」である。

各時代や文化には、人々に当たり前として共有される、人生のモデルコースのようなものがある。たとえば「いい大学に入って、いい企業に就職して、楽しい老後をすごす」といったものだ。この線に沿っていけば、自己満足も他者評価も得られるから、幸せな人生である、と信じられている。このモデルコースを、いかにより高いレベルで実現できるか（大学や企業のレベルや財産など）が人々の目下の課題であり、受験勉強や就職活動などの過程で、妥協や挫折を経験しながら自分なりのモデルコースを進んでいく。

モデルコースには質の違いこそあるが、多くの人間が進む、当たり前の生き方であり、過去にも多くの人々がその道を歩んできた。先人たちや同類たちによる歩みの蓄積（データ）があるので、様々なケースに対応できる道案内がその都度ある。こんなときはこうするべきというガイドがあるので、それを参考にすれば進むべき道が見えてくる。

モデルコースは、ときに自由を奪われた「敷かれたレール」などといわれることがあるが、そんなことはない。実際にはモデルコースには様々な選択肢が与えられている。進路も職業もパートナーも、迷いながら自分で自由に決めることができるし、その選択の積み重ねが、個性となる。思春期には束縛と感じるかもしれないが、世間を知れば、その道に自由と誇りがあることを理解できるはずだ。

一方で、少数派ではあるが、時代のモデルコースから外れて独自の道を行く人もいる。常識外れのその道は、その先に何があるのかわからず、幸福になれる保証もない。そして、前人未到であるがゆえに、地図も道案内もなく、どの選択肢を選ぶか以前に、どんな選択肢があるのかを常に自分で考えなくてはならない。人と違う道は、険しい道だ。

そして、人と違うことをする者は、人々の安心安全を脅かす存在として攻撃されることもしばしばである。会社の不正を告発して冷遇されることもあれば、誘いを断っただけでいじめの標的にされることもある。攻撃するほうは自分の正しさについて疑うこともない。とりわけ日本人は、協調性がないとか、空気が読めない、輪を乱すといったことに敏感である。**集団の秩序を乱す者は、本人に落ち度がない場合でも、秩序を乱すというだけの理由で制裁の対象になる。すなわち、人と違うことが、既にリスクなのだ。**人々はこのリスクを恐れて人と違わないようにするし、人と違う人間がいないかどうか、常にお互いを監視している。

一方で、人と違う人のなかには、アーティストや企業家のように、人々に称賛されるヒーローもいる。彼らが称賛されるのは、彼らがモデルコースを破壊するのではなく、むしろ補強、改善し、より豊かで、快適で、自由な道を示してくれるからだ。しかし、ヒーローになれるのは、人と違う少数派のなかでもさらに少数であり、その非凡さゆえに、平凡な人間の嫉妬心や好奇心にさらされ、心ない言葉や態度に傷つくこともある。

ファッションに疎《うと》い男が、ある日突然、金のブーツを履いてきて、友人にからかわれたとしよう。しかし彼は毅然《きぜん》とした表情で、「これ流行ってるんだよ」と言って、全く同じ靴を履いた有名人の写真を見せる。実際、彼はこの金のブーツを自分の好みで買ったのではなく、店員に薦められるまま、流行っているという理由で購入したのだ。友人は、流行を知らなかったので、金のブーツをからかうという見当違いをしていたことになる。

この例でわかることは、**流行、常識、空気、当たり前に従った、「ふつう」、「みんな」がする選択を「私も」選択することで、自分の責任が回避される**ということだ。当たり前の行動を選択しておけば、仮によからぬ結果になってしまった場合でも、「みんなこうしてる」とか、「ふつう、誰だってこうしたはずだ」と自己弁護することができる。うまくやれば失敗を防げたかもしれないが、常識的な態度をとっていたのであれば、「仕方がなかった」、「運が悪かった」で済んでしまうかもしれない。

本人の非常識な選択が失敗を招いた場合と比べれば、責任の違いは明らかだ。金のブーツを個人のセンスで選んだなら、その評価（責任）は本人に向かう。笑われているのは流行ではなく、自分のセンスだ。もちろん、個人のセンスで選んだ服を称賛されることもあるだろうが、ファッションに自信のない人はそんな挑戦をしようとは思わない。しかも、流行に従えば、バカにされなくてすむどころか、流行を追えているというだけでセンスを評価されるのだから、これほど便利なものはない。

常識には答えがあってリスクがない。常識に従っていれば、わざわざ自分で考える必要はなく、失敗する可能性も少ない。仮に失敗しても自分に責任はない。しかもそこには自由も個性もある。常識という楽園の重要課題は、秩序を乱さないこと、すなわち人と違わないことである。

常識の魅力を知れば、常識人が増え、常識人が増えれば、常識は力を増し、秩序を乱すことへの相互監視が強まっていく。余計なことを考えて常識から外れることはリスクでしかない。こうして、**安心安全な現代社会では、「自分で考えない常識人」が量産されていく。**

虚しさの楽園

一流大学に合格して一流企業に就職することは理想的なモデルコースかもしれないが、誰もが歩めるわけではない。楽園の住人にも様々な能力や個性をもった人がいるので、彼らの安心安全と選択の自由を確保するために、当たり前を逸脱しない常識的な生き方は、かなり幅広くとられている。中学を卒業し中小企業で働く人も、人々の生活を支える立派な存在として社会に認められる。学歴や病歴や家庭環境の面でハンデキャップがあっても、楽園のシステムが可能な限りモデルコースに近づけるようサポートしてくれる。

だが、秩序を乱す非常識な人間ではない常識人同士であっても、優劣は気になるようだ。特に「恥をかきたくない」、「見下されたくない」、「人と同じでいたい」といった自身の劣等感に対する強迫観念が働くと、普段から人と違わないことを意識して、不安や恐怖を募《つの》らせることになる。

貧乏でスマートフォンが買えない。病弱でスポーツが苦手。異性にモテない。コミュニケーション能力がない。第一志望校に受からなかった。就職が決まらない。出世できない。子供ができない。こうした、非常識や異常とは言えないレベルの「人と違うこと」が、劣等感や絶望感をもたらし、ときには精神を病むこともある。**「人に迷惑をかけてはいけない」**

や「和をもって尊しとなす」といった日本人の美徳も、過度に意識すると、他者に怯え、自分を抑制するストレスになっていく。

人より劣っていようが、他人に迷惑をかけて生きようが、幸福になることはできる。幸福センサーさえ正常に機能すれば、快適な楽園で幸福を感じることは簡単なのだ（ALS患者が幸せたりうることは第1章で説明した）。モデルコースはモデルコースにすぎず、それ以外の方法で幸せになる選択肢はいくらでもある。にもかかわらず、**人と違うことを過剰に恐れる常識人は、理想の光が強すぎて、足元にある幸福が見えなくなっている。**

他者の眼差しに怯え、自らの「人と違うこと」を敏感に見つけ出しては、理想を求めて挫折したり、できないことに自己嫌悪したりして、自分が幸福に値しない人間だと判断する。これが、安心安全な楽園のなかで幸福を感じられない、5匹目のカエルである。このカエルは、井戸の外や足元の幸福には目もくれず、井戸の中の理想の幸福だけを見つめている。

無論、4匹目のカエルと5匹目のカエルの間にもグレーゾーンがある。では、現代の楽園で幸福を意識的に感じている人は、どれだけいるのだろうか。**現代はたしかに、「ただ生きること」や「長く生きること」が容易な「生存の楽園」ではあるかもしれないが、「幸福の楽園」といえるかは疑わしい。**

技術の進歩や自由の獲得は、生存が脅かされることによる苦悩や不幸を排除し、その恩恵によって新しい喜びや幸福をもたらすだろう。しかし、現代人がコンビニにも民主主義にも幸福を実感しないように、与えられたものが当たり前になってしまうと、恩恵はそのままでも、幸福はもたらさなくなる。つまり生存の楽園がもたらすありがたい幸福には、期限があるということだ。

だが、幸福に賞味期限があるならば、絶え間なく新商品を提供すればいい。楽園の開発計画は基本的に、安心安全の徹底や、便利さ、快適さ、豊かさ、自由といった、誰もが求める素朴な欲求を実現するかたちで次々に新しい変化をもたらしてきた。そして今後は、労働をAIやロボットに任せ、知識や記憶を脳以外の外付け媒体に保存し、子供の容姿や能力を自由にデザインできるような、「よりよい世界」をもたらしてくれるだろう。

ただし、第1章でも述べたとおり、新しい価値観ではなく、事実先行型の変化は、素朴な欲求を満たしはするが、長期的な視点をもっていないので、結果的に誤った、不幸な結果をもたらす可能性がある。そして、**冒険と探究によって知識と技術を、血みどろの戦争によって自由と平等を勝ち取ってきた人類は今、専門家によるコストパフォーマンス重視の管理システムや、他人と違わないことで秩序を維持する相互監視社会に移行している。その結果、**

生存の楽園は強固となったが、楽園の住人の幸福センサーは故障してしまった。楽園には生存や人権レベルの深刻な危険がほとんどないので、不幸センサーが大きく反応することはないが、他方で、自分の弱さを見つけ出して劣等感や自虐を生産するだけの敏感さはもっている。

安心安全で、欲しいものが簡単に手に入る世界に生きる自分を、不幸というのは言いすぎかもしれないが、他人や社会に対する劣等感やストレスが日常的にあり、自己肯定できるような強い達成感があるわけでもない、というのが現代人の、そして5匹目のカエルの大勢であろう。**「生存の楽園」の徹底は、やがて幸福も不幸も奪い去り、漠然とした虚しさだけが残る世界をもたらすかもしれない。**

とはいえ、事態は虚無感どころの騒ぎではないのかもしれない。無反省な欲望追求による本末転倒は、国家や人類規模でも問題を起こしている。経済発展への欲求が環境問題をもたらし、効率的なエネルギーをつくりたいという欲求が核兵器をもたらし、国民が団結して苦境を乗り越えたいという欲求が大量虐殺をもたらした。この歴史的事実からもわかるように、生存の楽園の拡大が、人類滅亡という矛盾した結末をもたらす可能性もある。

人類滅亡に関わるこれらの重大案件について、人々はどれだけ真剣に考え、取り組んでいるだろうか。環境によくないとわかっていても、面倒だからという理由だけでごみの分別をしない人がいるように、社会規模の問題は、破滅のシナリオを示しやすい反面、規模が大きすぎて個人の生活に結びつきづらい。**当たり前の日常の先に破滅があると理解していても、遠くの大きな問題より近くの個人的な関心の方が優先される。**

長期的なビジョンをもった新しい価値観が、当面の危機がない楽園の開発計画を変更させることは簡単ではないようだ。このままでは破滅するとわかっていても、様々な利害関係によって誰も止められず、一致団結する頃には、もう取り返しのつかない事態になっているかもしれない。

3　考える例外者たち

間接伝達の可能性

前章までで、哲学や死生観がどのようなものであり、生きる上でどのような可能性をもたらすかについて述べてきたが、人類破滅のシナリオを訴える環境問題に対してさえ腰の重い現代人が、「もっと幸福になれるかもしれない」とか「よく生きることができるかもしれない」という、抽象的かつ保証のない訴えに賛同し、恐ろしい死について考えたり、人とは違う死生観をもとうとしたりするはずもない。
哲学者のお説教は、現代の忙しい常識人の「ここでいいや」の壁に虚しく弾き返され、人々の心に響くことはない。では、仮にこれが伝えるべき重要なことだとして、どうすれば聞く耳をもってもらえるのだろうか。

課題：無趣味な人に「趣味をもつことは人生を豊かにする」を説明し、興味をもたせよ。

たとえば休日に家で寝てばかりいる無趣味な人に、趣味をもつことの大切さを伝えたいとき、あなたはどうするだろうか。趣味は気分転換になる、働くためには遊ぶことも必要で、仕事のアイデアにつながる、趣味仲間ができるし、仕事とは違うかたちで評価してもらえることもある、何かに没頭することは頭を使うから認知症予防になるし、老後の楽しみを探しておいた方がいい、などといって説得するだろうか。これでは全然ダメだ。こんなことで人は動かない。模範解答は、例えばこうだ。

私は○○というアイドルが大好きで、地方を含め全部のライブに参戦してるよ。かわいいのはもちろんだけど、歌もうまいし、すごく努力家で、礼儀正しくて、私みたいなファンのこともちゃんと覚えてくれてるんだよね。彼女のイメージカラーが青だから、自分も特注の青い衣装をつくって、頭から靴ヒモまで全部青にしてライブに行くんだ。あ、これがそのときの写真ね。一人じゃ恥ずかしいから仲間の衣装もつくってあげて、一緒に行動するようにしてるんだ（笑）。地方にも仲間ができたから、ライブがあるときは観光案内もしてもらってる。この前はおいしいカレー屋に連れて行ってもらったね。妹もそのアイドルのことが好きで、たまに一緒にライブに行くし、カラオケにもいくようになったし、だいぶ仲良くなったかな。週末はライブに行くかファン同士で飲みに行くかで、平日のイベントも有給使ってなるべく行くようにしてるよ。たまに上司に怒られるけど（笑）。それと…（以下省略）

これが模範解答だといわれても納得できないかもしれない。「趣味が人生を豊かにする」ことを説明していないし、なによりこれは個人的な話でほとんどの人には当てはまらない。

だが、文面だけでなく、この話をしている人の顔を想像してみてほしい。どんな表情で、どんな口調でこう語っているのか。もしかしたら、気持ち悪いと思ってしまったかもしれないが、気持ち悪いにしても「楽しそうだなぁ」とは思うのではないだろうか。こんなふうに「楽しそうな顔」ができることを、うらやましく思うだろう。

趣味のかたちは多様だから、**誰にでも当てはまる一般論を語ろうとすると、話はどうしても抽象的にならざるをえない。そのように抽象化・一般化された説明は、たとえ合理的であっても、人を動かすことは難しい。**そもそも、趣味が人生を豊かにするということは、無趣味の人もわかってはいるだろうから、その事実を改めて説明したところであまり意味がない。それよりも、きわめて個人的な体験を語るほうが、一つの趣味が新しい行動や人とのつながりに広がっていく具体的なイメージと、嬉々とした表情に裏付けられた人生の豊かさを伝えることができる。語った後で、「今度一緒にライブにいく？」と引き込もうとしても断られるかもしれないが、自分も何か趣味をもてるといいなと思うには十分な説得力があるだろう。

イソップ童話の『北風と太陽』では、北風は自らの力で男のコートを直接的に吹き飛ばそうとして失敗したが、太陽には、男に自らコートを脱ぎたいと思わせる環境をつくるアイデアと能力があった。上の立場から強制し、手取り足取り教えることで目的を達成しようとしてもうまくいかず、自分から動きたくなるように仕向け、本人の自主性を促した方が有効だというのは、教育の場合でも、相手の欠点を直す場合でも同様である。正しい説明をしたところで、人を動かすことができない場合はあるし、逆に合理的に説明できないことでも、熱意や工夫次第でうまくいくこともある。

人を動かすとき、伝える内容によって、直接的、合理的に伝えた方がいいものと、そうでないものがある。直接は伝えられない、伝わらないものを、相手の自発性を促す間接的な表現によって気づかせ、有効な態度へと導く方法を「間接伝達」という。物理法則は客観的かつ正確に説明する方がよいだろうが、人の生き方は多様かつ答えがないので、合理的な説明よりも、間接伝達によって相手を触発し、主体的に考えさせる方がよい。哲学や死生観について、「考えろ」と言うのではなく、「考えたい」と思わせることが重要だ。

ただし、どんな人間でもコートを脱ぎたくなる灼熱《しゃくねつ》の環境をつくれる太陽と違い、どんな人間にも哲学や死生観を考えさせる方法などないだろう。誰が何に共鳴するかはわからない。それゆえ、間接伝達は多様なかたちで行われる方が有効だし、特定の相手の変化を促すためには、相手のことをよく理解しなければならない。

何が人を動かすのか？

多くの芸術作品は、作者の主体的な表現による間接伝達を意図してつくられている。ただし間接伝達が成功するか否かは受け手次第である。あなたが触発されるのは、文学や映画かもしれないし、音楽、演劇、ダンス、絵画、彫刻、建築かもしれない。触発とは一種の気づきであるから、気づきのセンスを磨けば受け取りやすくすることができる。

小説のなかの登場人物や出来事によって、読者は感情移入しつつ、日常とは違う価値観や現実に触れ、自分自身を反省する。「戦争はよくない」ということを伝えるためには、2時間の講演をするよりも、戦争映画で少しでも追体験した方が実感が湧く（戦争がよくないことは誰でも知っているから、おそらく2時間の講演を聴きたいと思う人は少ないだろう）。

ある作品との出会いによって人生が劇的に変化したという人は稀《まれ》だとしても、少しずつ、気づかぬうちに自身の価値観に影響を与えていることとならあるだろう。しかし、それらはほとんどの現代人にとって確たる死生観を形成させるほどの触発にはなっていないのが現状である。また、現代アートに象徴されるように、受け手に考えさせるタイプの芸術作品は、やや難解で、観る側に負担がかかるものが多い。それゆえ、そうした芸術作品は、直接かつ即効性のある快楽と興奮をもたらしてくれる強力なエンターテインメントに溢れる現代社会では、肩身の狭い思いをしているし、その傾向はますます強まっていくだろう。手元にあるマンガよりも高尚で有益な古典作品があることは知っていても、「私はマンガでいいや」で終わってしまう。芸術作品による間接伝達の可能性もまた、苦境に立たされている。

間接伝達は、直接的な説明でないかたちで、相手が主体的に考え行動するように触発するものだから、芸術作品に限らず、誰かの言葉や生き方でもありえる。いわゆる「生き様で示す」とか「背中で語る」というのも間接伝達といえるだろう。

たとえばカリスマと呼ばれるような経営者、政治家、研究者、アスリートは、その偉業や生き方で、周囲の人々の心を揺さぶる。彼らには、単なる知識や技術以上に、他人の人生を変え、能力を引き出す、言葉にはしづらい力があるようだ。ただし、カリスマ性に惹かれすぎて、生き方をマネするだけだったり盲信的に従うだけなら、それは変化ではあっても、自分で考えられる人間になったとはいえない。

一部の偉人だけでなく、家族や恋人、友人、教師といった身近な人々も間接伝達の担い手になる。一つの劇的な出来事や言葉に限らず、親の愛情や友人との思い出など、共に生きてきたからこそ響く、身近な人々の何気ない言動が、自分の価値観や生き方を考えさせる転機になることがある。

間接伝達に触発され、主体的に考えるようになると、意識が変わるので、具体的な行動も変化する。そして、主体的に考えた上での行動は、新たな経験や出会いにつながり、また新たな触発をもたらすだろう。

さらに、子供の頃に読んだ本を大人になって読み返したときに、当時はわからなかった様々な気づきがあるように、間接伝達による触発によって新しい視点に立てるようになると、今まで見ていたものが別の仕方で受け取り直されるようになる。すると、過去や現在のなかに、新たな触発が生まれる。

このように、**間接伝達による触発が新たな触発を生み、新たな体験知の獲得が繰り返されることによって、世界や自己に対する解釈に深みと多様性がでてくる。そうなれば、死生観や生き方の選択肢が増えていく。**

無論、宇宙の話や生物の話など、学校で教わるような直接伝達が、人によっては主体的に考えるきっかけになることもあるが、**「このように生きたい」と思わせるほどの死生観や生き方の変化は、客観性や合理性、常識とは異なる、一人の人間の主体的な生に触れることでもたらされる。**

生と死を想う人々

作品や人間に触発されて主体的に考えることは、それ自体が喜びの経験になりうるものであるが、現実には、ネガティブな出来事によって、考えたくないことを強制的に考えさせられることもある。いじめや虐待、死別体験など、強い苦悩をもたらす経験は、世界や自己を否定的に受け取り直す可能性を多分に含んでいる。

幼い我が子を事故で失った親は、その死に納得のいく説明をつけられない。「仕方がない」、「運が悪かった」、「人間はいつか死ぬもの」、そんな事実はまったく意味をなさない。いじめや虐待と同様、なぜこんなつらい経験をしなければいけないのかを問うてみたところで、答えはない。そこには自分ではどうしようもない現実や偶然が働いている。その不条理に対してどう応じるかは、自分自身の考える能力にかかっている。

不慮の死に対応できるだけの考える能力がなければ、後悔と絶望の日々をすごすか、死を認めずに逃避するか、加害者への復讐に燃えるといった、死生観形成とは異なる態度に向かうことにもなりかねない。考える能力も体験知もない者にとって、あまりにも悲劇的な体験は、人生を変えるというよりは、人生を狂わせるといったほうがいいかもしれない。

一方で、独自の価値観で相手の主体性を揺さぶるような人のなかには、なんらかの危機や挫折を経験した人が少なくない。現代の楽園において、危機に瀕することは不運なことであるが、その苦悩を潜《くぐ》り抜けてきた人がもつ、生きることに対する独特の信念のようなものを感じたことがあるだろうか。

「明日死んでも後悔がないように」とか、「あのとき救ってくれた人のために精一杯生きる」など、かたちは様々だが、彼らは**人生全体を俯瞰《ふかん》した上で日常生活の選択を考えることが習慣になっていて、自らの死生観が、言葉として意識せずとも通奏低音のように響き続けている。**強烈に生を意識した体験が、人生に真剣さや緊張感をもたらし、それが様々な局面での思考や判断につながっている。

「若い頃の苦労は買ってでもしろ」というが、苦労や挫折が自分の価値観や態度の変化のきっかけになることはたしかだ。その挫折が深いほど、変化も広く大きくなるだろう。絶望して人生を諦める可能性もあるが、それは考える能力次第だ。

とはいえ、苦労を買いたいとはとうてい思えないし、買うような苦労は苦労なのかすら疑問である。本能が求めない苦労は楽園にとっては排除すべきものである。だがその一方で、**苦労を乗り越えてきた人の生き方や死生観に触発されるのも事実だとしたら、実際に苦労はしないまでも、彼らを通じて、死生観について積極的に考えることに意義はあるかもしれな**

い。

医療現場でも、患者や家族は大きな挫折を経験する。治療の見込みがなく、死が避けられない終末期患者は、時間や症状とともに、激しい恐怖、無気力な抑鬱状態など、様々な感情の変遷を辿る。このとき終末期患者は、自分の生だけでなく、世界や他者に対する認識も変化させていく。他者に対しては、羨《うらや》ましさからくる怒りや妬《ねた》み、近親者への愛憎、遺《のこ》される者への感謝と希望などがある。

そして、「生と死」や「命」を意識するようになった者は、自然の風景に関心を抱く傾向がある。これまでは見向きもしなかった街路樹や、その下の土にいる虫たちの生命が存在感を増し、死を目前にした者の主体性を揺さぶるのだろう。

生への感度が鋭敏《えいびん》になれば、同時に世界への感度も鋭敏になる。食事や何気ない会話、人々の雑踏のなかにも、言葉では表しにくいが、通常の経験とは異なる重さ、彩り、密度が感じられる。それを変化、強化、深化など、どう形容するかは別として、日常的な経験が新たな視点で受け取り直されているのはたしかである。

病によって自分にできることが次々と減っていくなかで、対照的に明らかになっていくのは、忙しい生活のなかで見失っていた、自分にとって本当に大切なものである。その発見は本末転倒の気づきでもある。大病を患《わずら》った人のなかには、大切なものへの気づきを得たがゆえに「この病気になって本当によかった」と心から言う人さえいる。風邪を引いてはじめて健康のありがたみがわかるのと同じで、**死や挫折は自らの生を映し出し、大切なものに気づかせてくれる鏡なのだ。**哲学の専門用語としての「反省（reflection）」にも、反射した自分を見るという意味がある。

治療を目的とする従来の医療とは異なる価値観をもつ緩和ケア医療では、適切なケアを基礎にして、患者や家族、そして医療従事者が生と死について共に考えることが、患者の人生の質（Quality of Life）を高めるという信念がある。患者の周囲の人々は大切な人の生と死から、多くを感じ、多くを学ぶ。自らの生と死に共に向き合い、分かち合える人とすごすことは、それ自体が生きがいになる。もちろん、そこには様々な苦悩があるだろうし、全ての患者と家族がポジティブな結果に至るわけではないが、**たとえ信仰がなくても、生と死について主体的に考えることがよく生きることにつながるという実例は、たしかにある。**

愛する者の死は、自らの死生観を反省するための、死にゆく者が最後に与えてくれる最大のチャンスである。死にゆく者にとっても、すぐそばで自分の生と死を共にする他者の存在は重要である。気を使って言いたいことを抑えたり、いたずらに嘆き悲しんだりするだけではなく、しっかりとその生と死に向き合って考えることが、お互いの充実と成長につながる。

考えれば自殺はしない――自殺予防と死生観――

「生きるのがつらい。死にたい」という切実な言葉は、まさに生と死について考えているように聞こえる。しかし、自殺を意識する人々は、その言葉とは裏腹に、あまり生と死について考えていないのかもしれない。彼らの意識のほとんどは、目の前の苦しい現実に集中しており、人生全体や死後生についてはさほど考えていない印象がある。

「生きるのがつらいから、死にたい」は、厳密にいうと論理的ではない。つらく苦しい現実があり、「苦しみから解放されたい」と思うまでは仕方がないとして、それが「死にたい」、「もう生きていたくない」、「消えたい」となるのは飛躍がある。なぜなら、苦しみから解放される方法は、死ぬことだけではないからだ。というよりも、自殺より先にまず、この苦しい現実をどうにかして楽しい現実に変えたいと思うはずだ。

つらい現実をよくすることができない（と思う）から、消去法的に自殺という選択肢に向かっていく。つまり「生きるのがつらいから、死にたい」には、「生きるのがつらいから、（楽しんで生きられるようにしたいけど、それができないから）死にたい」というカッコが隠れている。

日々サバイバル生活をしていた原始人は、生きていくなかでさぞ苦しい思いをしてきただろうが、自殺はしない。家族や部族のために進んで犠牲になることはあっても、生きるのがつらいから自殺するという思考回路はない。一方で現代人は、過去の諸事例から、自殺という手段があることを知っている。そして、いじめられたとか、会社に損失を与えたなどという、生命の危機とはまったく無縁のことでも自殺してしまう。

第1章のいじめによる自殺の話で述べたように、自殺する理由は、現実がどうなっているかではなく、現実をどう判断するかの価値観に依存するのであり、その証拠に、自殺する人間も「自分と同じかそれ以下の状況にある人間はみんな死ぬべきだ」とは決して思わない。つまり、自殺願望とは個人の価値判断である。

その点を踏まえると、「生きるのがつらいから、死にたい」は、**「生きるのがつらいから、（楽しんで生きられるようにしたいけど、それができないし、私はその状況に耐えられないので）死にたい」**ということになる。

自殺という判断の不合理な点を挙げれば、例えばエピクロスの議論に従うと、「苦しみから解放されたい」というのは、「私の死体を見たい」というのと同じくらい矛盾した考えで、自殺したら解放される経験主体もいなくなるから、その願望は不可能だといえるし、痛みや苦しみは生存の危機を知らせるセンサーにすぎず、センサーがうるさいという理由で生存を止めるのはおかしいともいえるし、他にもいろいろと指摘することができる。とはいえ、自殺する人間を論理的に、冷静に否定したところで、あまり意味はない。なぜなら自殺する人間はほぼ全て、論理的でも冷静でもないからだ。

自殺願望のある人は、フィルターのかけすぎで極端に視野が狭くなっており、多くがうつ病などの精神疾患があるとされている。狭い世界しか見えず、偏った価値観で、自分のことしか考えられない状態にある。時間と空間の全体から生き方を考える死生観とは正反対だ。その結果、「死ねば苦しみから解放される」、「生きていても何もよいことはない」など、自分に都合のいい（悪い）ことしか考えられなくなっている。

思い悩むという意味では普通の人より考えているかもしれないが、考える能力は極めて低下している。ファイナンシャルプランナーも今日の借金返済に追われている人も、お金のことを考えているが、考える内容が違う。強烈な感情に囚われてしまうと、現状からの解放だけに意識が集中してしまい、簡単な手段として、お金に悩む人は闇金に手を出し、生きることに悩む人は自殺に手を出す。彼らは、**現状を脱することだけを考え、脱した先のことを考**

えていない。自殺を考えている人は、自殺や死がどんなものかについて深く考えない。

苦しみから逃れたいという理由で自殺を肯定するとしたら、闇金に手を出す人と同様に、そこには矛盾や本末転倒の可能性がある。「死にたい」と思う人が自殺をためらうのは、「生きたい」という矛盾した思いがあるからだ。**矛盾を抱えたまま、誰も望まぬ死という結末をむかえるとすれば、それは、考える能力がないことから生じる悲劇だ。**

たしかに、自殺の要因として、自分ではどうしようもない厳しい現実があるのは事実だ。しかし一方で、突如として厳しすぎる困難と苦痛に苛《さいな》まれたヨブは、それでも神を信じて苦しみを受け入れた。あるいは過去に大切な人を事故や災害で亡くした人は、仕事で苦しいことがあっても、たいせつな命を捨てようとは思わない。信仰や経験が、視野を狭めることを予防している。**生と死に関する体験知を基礎にして確たる死生観形成をしている人は、そもそも自殺という選択肢をもたなくなる。**自殺という消去法が頭に浮かぶ前に、別の選択肢をもっているのだ。

自殺という選択肢をなくすには、死生観や価値観以前の、簡単な事実認識を実感するだけで十分だろう。まず理解すべきは、生きている限り苦しい現実があることは避けがたいとしても、自殺したいと思うほど苦しい状況は、基本的に長続きしないということ。つまり「生きるのがつらいから、死にたい」に隠れていたカッコのなかの、(楽しんで生きられるようにしたいけど、それができないし)という事実認識が間違っている可能性が高い。少しの工夫でよいのか、数年の忍耐が必要なのかはわからないが、現実は変わっていく。

そして、もう一つのカッコである(私はその状況に耐えられない)という価値判断も、様々な経験や思考によって変化するのが実際だ。たとえ死にたいほど苦しいと思った状況が事実として変わらずにありつづけるとしても、耐え続けるなかで得た経験や知識が、価値観ないし現状への価値判断を変化させる。それは成長かもしれないし、ただの慣れかもしれないが、どちらにせよ視野が広がり、自殺以外の選択肢に目が向くことになる。現に、「あのとき死ななくてよかった」という人は多いが、「あのとき死んでおけばよかった」という人は少ない。

世界が変われば価値観も変わるし、価値観が変われば世界を変えられる。この相互作用が事実としてあるのだと、理屈ではなく体験知として実感できていれば、自殺はしないし、変わるために考えるようにもなるだろう。

体験知も考える能力もない、無防備ななんとなくの死生観では、モデルコースを少し外れただけで、現実に対応できずに選択肢を見失い、手元に残された自殺というカードを切ってしまう。**自殺に限らず、生きることに悩んで余計な苦しみやストレスを溜めている人は「考えすぎ」だと言われるが、それは、考えてはいるが、考える能力がないだけかもしれない。**

考える能力がなく、かといって原始人のように無垢にもなれない中途半端な人が、現実のつまずきに対応できずに苦しみ、死にたいとすら思ってしまう。そんな人が自殺しないためには、野生に還るか、ポジティブ人間になるか、考える能力を身につけるしかないだろう。

現代の自殺とは、考える能力を育む機会のない楽園の構造が生んだ暗部といえるかもしれない。

大規模な災害から復興する時期には自殺者が減る傾向にあるが、時間と共に元の数値に戻っていく。「自殺したい」も「自殺してはだめだ」も、一時的な感情は長続きしない。しかし、考える能力をもって死生観を形成していくと、自殺がどうだという考え自体がなくなるし、人生の様々な困難を前にしても、多様な選択肢のなかからできることとやるべきことが見えてくるので、苦しむこと自体が減っていくだろう。

ただし、確たる死生観をもてば自殺しないというのは、必然の帰結ではなく、事例がそれを示しているにすぎないことには注意が必要だ。すなわち、確たる死生観をもった上で自殺するという可能性もゼロではないし、安楽死や特攻を広い意味での自殺とするなら、それを肯定する死生観は十分にありえる。

それに、確たる死生観をもてば自殺しないし、ストレスも溜まらないという売り込みは、社会的には有益かもしれないが、哲学的には本末転倒である。（「経営哲学」と同じ理屈で）自殺しないために考えるのではなく、考えた結果として自殺しないという順序でなければ、結局は現実に即さない都合のいい死生観として、本末転倒するか、生きる指針として根付かずに終わるだろう。

4　実践版：よく生きるための死生観

それでもやっぱり哲学は必要ない

本書のこれまでの議論は大きく分けて2つの主張でできている。ひとつは、自ら考えて確たる死生観をもつことは、生きる指針として機能し、不要な迷いや苦しみを取り除きながら、「今、ここ、私」の生に充実感をもたらすこと。その多様なあり方を見てきたし、信仰に頼らずとも、それを実現している人たちがいる。

もうひとつは、現代は自ら考えて確たる死生観をもつ必要のない時代だということ。常識人として生きていればなにも問題ないので、わざわざ哲学や宗教や死生観などに手を出す必要はないし、むしろ関わらないほうがよさそうだ。

可能性や実例として哲学のメリットは示せるが、あなたがそれを享受できる保証はない。哲学があなたにどう役立つかはわからない。矛盾や本末転倒を防止し、現実に即して生きられることもメリットといえそうだが、もし現実が絶望するしかないほど残酷で不条理な世界だったなら、矛盾や本末転倒したまま暇つぶしの人生を生きた方が幸せかもしれない。

考えない方がよかったという可能性は否定できない。それに、考えない方がいい理由は他にいくらでもある。役に立ちそうもないし、誰もやってないし、暗いし、お金にならないし、自分なりの考えはあるし、忙しいし、など。

哲学者がそれらを誤解であると説得し、「哲学を身につければもっとよく生きられるよ」と説教したところで、恋愛マスターが「君はまだ本当の恋愛を知らない」というのと同じく、それで人は動かない。結果として、お互いの正当性を示すことのできない水掛け論にならざるをえない。

自分の正当性を示せないとき、相手の不当性を指摘して破壊する手はある。なんでなんで作戦を使えば、あなたの無知や矛盾が浮き彫りになる。あなたの理想や価値観は誰かに刷り込まれたものにすぎず、あなたや現実に合っていないかもしれない。あなたが感じている自由は、与えられたカードを選ぶ自由であって、カードをつくる自由ではない。そのカードをつくっている楽園のシステムが、生きることにとって本質的な何かを考えさせないようにしているかもしれない。そんな楽園の常識は万能ではなく、人類を破滅に向かわせるかもしれない。

しかし、こうした批判も致命傷にはならないどころか、多くの人にとっては傷にすらならないだろう。人の生き方を変えるにしては、話があまりにも抽象的すぎる。

自分の生き方に誇りをもち、幸福に生きている人は、変化を求めることはないだろう。今までの生き方を変えることは、それ自体がリスクであり、過去の自分を否定することにもなるから、簡単に決断するわけにはいかない。よりよくなる保証がない変化ならなおさらだ。

自分の生き方に誇りをもっているわけではないが、幸福とも不幸とも思えず、日々なんとなく虚しさを感じている人も、リスクを犯してまで変化を求めない。**虚しさや不安は、変化の原動力としては弱すぎる。**

自分の生き方に誇りをもてず、不幸を感じている人も、ほとんどの場合は、変化を求めない。必要なのは変化ではなく努力や運であり、ビジネス書にあるような成功のための工夫は考えても、価値観自体を変えたり、確たる死生観をもつ必要は感じない。
他方で、現状に満足できず、価値観そのものを変化させて状況を打開しようとする強い情熱をもつ人もいる。しかし、人と違う道は険しい。追い込まれた状況で情熱だけが空回りすると、視野が狭まり、変化は失敗に終わるだろう。その失敗は、「何をしても何も変わらない」という失望の種になる。

変化しなければいけない理由などない。何がよい生き方なのかを決めるのは自分であり、それが独断と偏見にまみれていても問題ない。全ての価値判断は偏見なのだから。恋愛をしないことも、闇金に手を出すことも、法律というルールを破ることも、それがどんなにもったいなくて、不合理で、他人を傷つける、誰かに操作された願望であっても、あなたが求めるなら、それをする理由になるし、それをすることによってあなたが幸せを感じるとすれば、それは幸せだ。

間違いだったと後になってわかれば、過去の自分を否定し、考え直し、変化することもあるだろう。しかし、**哲学をしないという判断が愚かで間違っていたと、後になってわかる機会は、楽園にはない。それゆえ、哲学によってよく生きる可能性は、日の目を浴びないまま、楽園に駆逐されていく。**

「人生が楽しくなるたった一つの心得」——考えられない人のための考え方——

哲学は難しくないし、役に立つといくら訴えたところで、関心をもってもらえなければなにもはじまらないし、はじまらないことを後悔する日もこない。

可能な限り説明し、実例も紹介して、現状の危機を煽《あお》り、それでも楽園の人々が外に出ようと思わないとしたら、やり方を変えるしかない。「哲学」という難しそうで実態がわからない言葉や、「死生観」といった仰々しい言葉を目標設定にすることがよくないのかもしれない。思い切って捨ててしまおう。そんなものは気にしなくていい。ついでに「よく生きる」や「考える能力」という抽象的でやや説教くさい表現もなしにしよう。「常識を捨てろ」、「リスクを恐れるな」、「強い意志をもて」といった暑苦しい訴えもなし。

具体的な日常生活に注目し、極めて実用的かつシンプルな提案だけにする。自己啓発本風に、「人生が楽しくなるたった一つの心得」や「生活が豊かになる発想法」、あるいはビジネス書風に、「成功者が実践する、たった一つの思考法」など、嘘のない範囲でその効果を宣伝してもいいだろう。

本書の主張を実現させるためには、たった一つのことを実践すればいい。そのたった一つの心得とは、**「もっといい方法はないか？」と考える習慣をつける、**これだけだ。もう少しかみ砕いて説明していこう。以下にある5つのルールは、既に本書で説明済みである。

～「もっといい方法はないか？」を考える際のルール～

1．何が「いい」かは自分で決める

何が「いい（good）」かについての価値判断に絶対的な基準はないから、難しく考えず、そのとき自分が「こっちの方がいい」と思えるものでいい。

2．ベストを求めない

数ある選択肢のなかから最善のものを選ぶのは難しく、間違える可能性が高い。失敗を恐れると萎縮《いしゅく》してしまうから、**最善（best）など狙わず、もっといい（better）方法、つまり「今よりマシ」な方法を考えて実行すればよしとする。**後でもっとよい別の方法に気づいたら、後悔するのではなく、次に活かすことだけを考える。

3．人と同じでもいい

自分なりに考えて答えを出すことが大事であり、その答えが人と違う必要はない。**ただ人と違うことをしたいだけの常識破りな人間よりも、一生懸命に考えた結果、人と同じ平凡な答えを出す人のほうが、自分らしく生きている。**

4．結果より体験を大事にする

世界が偶然に満ちていることと、無知の知を自覚すれば、自分がよいと思ったことであっても結果がうまくいかない可能性があるのは明らかだ。失敗のリスクを考慮すると、自分で考えない常識人でいたほうがいい。しかし、「フラれたけど告白できてよかった」、「投資には失敗したけど経済の勉強になった」など、**自分で考えて行動したことは、それだけで満足感や充実感につながる。結果よりもこの体験知を大事にする。**

5．「ぐっ」と立ち止まる

日常生活の激流に呑まれたままでは、問題の本質も、可能な選択肢も見えてこないから、**可能な限り「ぐっ」と立ち止まり、流れや前提から離れ俯瞰《ふかん》的に現実を見渡す。自分が間**

違っているかもしれないことを常に意識し、自分の考えが今すぐ180度変わる可能性さえも受け入れる。

現代人は何も考えていないわけではない。むしろ日々、様々なことを考えているし、誰だって自分の人生をよりよくしようと努力している。本書が問題にしているのは、考えているか否かではなく、どう考えているかである。いたずらに考えるだけでは、むしろ自ら可能性を閉ざす偏見や諦めの思考に凝り固まっていくおそれがある。そこで、あなたの人生が少しでもよくなるために、以上の5点だけは守って、日常生活のなかで考える癖を身につけてほしい。

難しく考える必要はない。完璧な人間でない限り、もっといい方法は必ずある。特に大事なのは5番目で、自分の生き方の間違いや別の可能性に気づいて方向転換するためには、自分や世界がつくり出している流れから、どれだけ「ぐっ」と強く踏ん張って立ち止まれるかが重要である。**自分の価値観や流れが間違っているかもしれないと思えるかどうかが、大きな違いを生む。**

そして、間違いに気づいたら、すぐに変わるほうがよい。過去の自分を否定するのではなく、修正だと思えばいい。こだわりやプライドに固執し変化を拒めば、本末転倒の人生を突き進むことになる。本末転倒の自覚がなくても、現実とのズレは、ストレスや虚しさなどで、必ずあなたに影響を与えているし、他人にも悪影響を及ぼしかねない。

　よりよい方法を見つけるためまず役に立つのは、新しい知識を得ることだ。知ることは気づきをもたらし、選択肢を増やす。世の中には知らないだけで損をすることがいくらでもある。驚いたこと、疑問に思ったこと、失敗してしまったこと、あるいは「知らないと恥ずかしい」という動機でもいいから、自分の関心のあることについて知る喜びを体に刻みこもう。幸いにも現代は情報で溢れているから、手持ちのスマートフォンを使えばいい。

　さらに有効な方法は、他者と関わることだ。他者の言葉や生き方は、知識以上の間接伝達として、気づきと選択肢を与えてくれるし、相手に伝えることで自分を整理、反省することもできる。そのとき、事実として、自分一人でできることの限界や、自分の意見が思いのほか偏見にまみれていたことを自覚できるだろう。ただし、勉強や他者から与えられた選択肢は、どれだけ説得力や権威があっても、それが自分にとってもっといい方法であるとは限らないから、ただ受け入れるのではなく、「ぐっ」と立ち止まって、自分の生き方に合うかたちに落としこみ咀嚼《そしゃく》して考えなければならない。

とはいえ、ひとまず他人に言われた通りにやってみても構わない。その上で、自分にはもっといい方法があるかもしれないと考えることを忘れなければいい。

「ピンチをチャンスに変えるテクニック」——悩み事からはじめよう——

現代は、立ち止まって考える必要のない安心安全な社会へと突き進んでいる。特に日本人は、自分で考えて行動をする習慣もなければ訓練もしていないので、そのメリットを理解できていないし、人と違うリスクばかりを意識してしまう。受験や就職や結婚など、社会が用意した考えるべきイベントはあるが、それらは、流れ着いた先で与えられた選択肢を選ぶ作業であって、自分でつくった選択肢とは言い難い。残念ながらこんな状況では、自分の生き方に違和感をもって立ち止まることは、あまり期待できない。第1章で述べたとおり、違和感に気づくことこそが、最初にして最大の難関なのだ。

ところで、前述したように、人は心理的に、プラスよりもマイナスに注意を向ける傾向がある。つまり、喜びを得るために積極的に行動するより、悲しみを避けるために消極的に行動することの方が優先される。そして、マイナスを意識したピンチの状態は、立ち止まって考えざるをえない状況ともいえる。**自主的に立ち止まることができないなら、ピンチで立ち**

止まっているときの方が、変化のきっかけになりやすい。俗にいう「ピンチはチャンス」である。

ちなみに、人を立ち止まらせる最大のピンチこそが「死」であるが、楽園のシステムがうまく処理してしまうから、他を探そう。使えそうなのは、日頃抱えている不満やストレスだ。悩み事に対する「もっといい方法」ならば関心をもって実践できるだろうから、そのコツとなる手順を教えよう。

日常の悩み事の典型は人間関係だ。対人ストレスをただ抱え込むくらいなら、少しでも改善できないかを考えてみよう。解消ではなく、少しでもマシになればよしとしよう。

1. **よいか悪いかは考えずに、ぱっと思いつく限りの、現状とは違う選択肢を挙げてみる。**「ムカつくから殴る」など、なんでもよい。

2. **余計なフィルターを取り除くために、自分の感情や意見を一度カゴの中にしまって、ありのままの事実だけを整理する。**ここでは「よい」「悪い」といった価値判断を一切しない。紙に書いたり人に説明したりするとよい。

3. **もう一段「ぐっ」と踏み込み、自分とは違う価値観から選択肢を考える。**相手の立場になってみたり、自分と同じような立場の人を参考にしたり、第三者の意見を聞いたりなど。

大事なのはやはり、どれだけ「ぐっ」と立ち止まれるかだ。立ち止まって反省すれば、自分の偏見に対する違和感と、今まで見えなかった新しい可能性が見えてくる。**相手や状況がどんなに悪くても、些細なことであれ、自分にできることは必ずある。だからこそ、自分を疑う価値はある。**それに、俯瞰的に見ることで、思っていたところとは違う何かが問題になっていることに気づくかもしれない。

そこから、「意地を張らずにこうしてしまえばいいかも」、「こうすればわかってくれるかも」、「これならお互い文句はない」、「これでダメージを与えられるぞ」など、自分なりの、現状よりよさそうなプランをつくる。結果がどうであれ、考えてチャレンジしたことで得る体験知が既に成果であり（相手に感謝する必要はないが）、その充実感は次の行動につながるだろう。

悩み事には、対人関係の他にも、自分に対するものもある。痩せたいのに食べてしまう、勉強せずに遊んでしまう、仕事で結果をだせないなど、自分の理想と現実のギャップに苦しみ、自己嫌悪に陥《おちい》る。

自分への悩みを少しマシにするためのコツは、**どうすれば理想に近づくかを考える前に、理想そのものに反省の目を向けること**だ。第1章で述べたとおり、初心は忘れないだけでなく、疑う必要がある。いつのまにか抱いている常識的な理想は本末転倒の温床だ。スリムな体型、華麗なる学歴や職歴は、あなたの役には立つだろうが、その先にある生活を具体的にイメージしたときに、他の可能性を捨てて、多くの努力や犠牲を払ってまで求めるものといえるだろうか。その答えは、常識ではなく、あなたが決めることだ。どれだけ周囲に褒められようと、あなたの心が空っぽなら、あなたはよく生きているとはいえない。

理想を決める際に重要なのは、現実を知ることである。夢を語るなということではない。夢を語るにも現実は知らないといけない。なぜ人はオリンピックで金メダル100個獲得という理想を抱かないのか。理論上は不可能ではないはずだ。しかしそれが不可能だと経験上わかっている。知識と経験で現実を知っているから、100個の金メダルは誰も求めず、1個の金メダルさえごくわずかな人しか求めない。どんな理想を描くかは、自分がどんな経験をしてきたかで決まる。一度掲げた理想も、自分を知り、他人を知り、現実を知ることで変化する。

ただし、現実を知るとは「できる／できない」の能力を知るだけでなく、「合う／合わない」の適性を知ることでもある。スポーツの才能があっても、プロになるより公務員として働く方が日々やりがいをもって生きられるかもしれない。どちらを選ぶかは、頭ではなく、様々な経験からくる実感によって決まるだろう。それはつまり、経験によって自分を知るということだ。**どんな理想も、経験とすり合わせて修正しないと、自分に合った理想にはならない。**はじめから自分に合った理想を設定できるはずもないから、経験と思考によって理想を更新し続けるしかない。

あなたの抱いている理想は、本当にあなたの理想なのか。**誰もが抱く当たり前の理想、モデルコースは、何も経験しないうちに、気づいたらもうそこにある。**この共通の理想に固執すると、「できる／できない」の優劣ばかり気になって、悩むことが多くなる。優劣が基準になると、経験のすり合わせがただの「身の程《ほど》を知る」ための作業になってしまう。

自分のもっている常識的な理想を、「ぐっ」と立ち止まりながら経験とすり合わせて調整し、それが当たり前の理想ではなく、自分の理想だと胸を張って言えるようにしてみよう。

他人から見てそれが平凡な理想かどうかは関係ない。自分に合った具体的な理想を描ければ、そのために必要なプロセスを具体的に描けるようになり、今やるべきことで悩むことがなくなり、モチベーションと達成度が増してくるはずだ。まずは小さな悩み事から、理想の調整をはじめよう。

日常という鏡

あなたの理想やもっといい方法を見つけるイメージを理解してもらうために、少し極端な課題を設定してみよう。普段はなんとなく悩むぐらいだろうが、ここでは「ぐっ」と立ち止まってみてほしい。

課題：自分にとってもっともよい今日の晩ご飯を全力で考えよ。

これは、「明日世界が終わるとしたら何を食べるか」という類の思考実験ではない。何も特別ではない今日の晩ご飯に、なにを、いつ、どこで、誰と、どのように食べるのがあなたにとって最もよいのか、全力で、真剣に考えるという課題だ。

料理をする（してもらう）か、手軽にカップラーメンを食べるか、高級レストランにいくか、穴場のカレー屋に行くか、何も食べないか、実現可能な選択肢は無数にある。では、何を基準に判断するのか。味、値段、手軽さ、量、栄養など、重視する内容の序列を考えて、その上でそれが最大限得られる料理や食材や店を選ぶ。選ぶ際には料理に関する情報、栄養学、旬の食材、スーパーや店のキャンペーンも調べた方がいいかもしれない。しかし、すぐ近くにあなたの知らない最高の店があるかもしれない。全ての可能性に関する情報を知るのは不可能だ（無知の知）。しかも、あなたの空腹度や体調（無自覚な病気があるかもしれない）、財布事情、一緒に食べる人の状況といった、今日だけの個別な状況も考慮する必要がある。この時点で、絶対の正解は出せないことは確定だ（つまり、後になってもっとよい方法があったと思う可能性は避けられない）。

今日の晩ご飯について全力で考えると、膨大な数の検討事項があり、無知の知の自覚もそうだが、最終的に、自分が食事に何を求めているのかが問われていることに気づくだろう。さらに、あなたが決めた優先順位は、本当にあなたに合ったものといえるのかも疑わしい。好き放題食べる人は、健康長寿について考えていないかもしれないし、食事制限をする人は、既成の美に囚われ、人生における食の喜びを軽視しているのかもしれない。ちょっとした気づきや経験が、あなたの食に対する価値観を変え、よりよい選択を導くかもしれない。**全力**

で決めようとするなら、自分の基準についても改めて反省する必要がある。

しかし、無限の選択肢がある晩ご飯をいつまでも考えていたら餓死してしまう。時間がない。とりあえず、できるかぎり考えて判断し、実践するしかない。だが、それでいい。もし全力で考えるなかで少しでも新しい発見や行動につながったとすれば、今日の晩ご飯はいつもよりはマシな、少し楽しいものになるだろう。

食事という些細な日常の行動も、人生全体につながっている。どんな些細なことでも、自分にとってよいものを突き詰めて考えると、最終的には生き方の問いになる。このような、「ぐっ」と立ち止まることで見えてくることを理解してもらうために、今回の課題では特別に「全力で」という負荷をかけてみたが、普段はそこまでやらなくてよい。毎食ごとに全力で考えていては、生活に支障をきたしてしまう。「週に一度は食べたことのないものを食べる」とか、「日曜の夜は手の込んだ料理をする」など、ルールを決めて新しい気づきを自動的に生み出すくらいでよしとしてもいい。ただし、その設定や成果を反省することを止めてはならない。

なにげない行動や発言にも、自分という人間が色濃く反映されている。日常の瞬間を鏡に映して見るだけで、自分の価値観を知ることができる。その「反省」の先に、自分にとってのもっといい方法が見つかるだろう。そのためには、課題のように極端な負荷をかけて考えてみるか（たとえば自分がいちばん喜ぶ自分の誕生日プレゼント考えるなど）、自分では気づかない自分を他人に教えてもらうなどの工夫も必要だろう。

それはやがて、よく生きるための死生観になる

日常を少しでもよくするために、まずは悩み事について、全力でなくてよいから、できるだけ「ぐっ」と立ち止まって考える。そこで自分の隠れた価値観に気づく。視野を広げ、情報を集めながら、よさそうな方法を見つけ、実践してみる。少しは成果が出るかもしれないし、そうでなくても、自分で考えて行動したことに対する多少の充実感はあるはずだ。

成果と充実感を得たという成功体験は、さらなる成功体験へのモチベーションになる。はじめは考えることも結果もうまくいかないかもしれないが、知識や経験を積み重ねていくと、選択肢が増えるとともに、思考力、発想力、実行力が向上し、よい結果が伴ってくる。

成功体験と能力向上が連鎖反応を起こすことで、もっといい方法はないかと立ち止まって考えることが次第に楽しくなり、習慣化していく。選択肢が増えることで、「これ、もっとよくなるかも」というアンテナの感度が高まり、考える対象が、マイナスの悩み事のみならず、なんとなくやり過ごしていたことにまで及んでいく。対人関係や生活習慣、仕事の仕方から趣味の時間など、これまで特に気にもしていなかった日常の当たり前のなかにも、気づきや違和感、「なんで?」が生じるようになる。

受動的でなく積極的に、もっといい方法を探求するようになり、いつの間にか、人と同じでいたいと思うよりも、自分で考えて行動したいという意識が増していく。行動した先に新たな気づきや経験があり、それに触発され、また新たな行動へとつながっていく。

立ち止まり、問いを立て、考えて、実行するというサイクルが機能し、習慣化していけば、感度、知識、経験、思考がより広く、深くなっていく。同じ時を過ごしても、考えない常識人とは経験の質と気づきの量に差がでてきて、より大きな成果を得られるようになってくる。

これがビジネスにおける行動サイクルと違うのは、問いが目的や価値観にまで向かう点である。大事なのは、自分の価値観を貫くことではなく、自分に合った価値観を見つけることだ。他者と議論するときも、どうせお互い無知で偏見まみれなのだから、間違いを指摘して潰し合うのではなく、自分や現実を知るために利用し合えばいい。

常に、自分が間違っているかもしれない、価値観が180度変わるかもしれないという態度で誠実に向き合うと、実際には180度変わることなどほとんどないが、1、2度は変わることができる。この微調整ができない人は、いつの間にか大きく道を踏み外す。
やることは「もっといい方法はないか？」を考え続けるだけなのだが、そのプロセスは、「成長」として実感されるだろう。そして、もっといい方法と常に考え続けていると、必然的に考える範囲が、目先のことだけでなく、過去や未来、他者や世界にまで広がっていくようになる。そして、その**時間空間の枠組みが、自分の人生を超え、歴史や文化すら見据えるようになり、家族や仲間のみならず、先祖や子孫の人生や、死後の世界にまで拡大するに至ったとき、それは、「確たる死生観をもっている」と呼ぶに相応しいものになる。**

　無論、なにかを判断するときに毎回そこまでのスケールで考えることはないだろうが、一度それを実感したら、生き方を支える行動指針として、通奏低音のように、意識せずともしっかり機能するはずだ。

　とはいえ、成長や死生観のことなど考えなくていい。「今、ここ、私」にとっての「もっといい方法はないか」を考え続けたら、結果的にそうなるのであって、あえて目標として意識する必要はない。そんな漠然とした目標に魅力もないだろう。

　結果的に確たる死生観を形成したあなたの行動や生き方は、間接伝達となって、世界に影響を与え、他者のなんとなくの死生観を刺激する。あなたが変えた人が、また別の人を変え、今度はあなたを変えるかもしれない。こうした、自ら考えることとの連鎖の先に、環境問題などの社会問題の解決への道が開けるかもしれない。

とはいえここでも、社会問題解決のためなどと考えなくていい。ただし、社会問題に取り組む人々は、あなたにもっとよいライフスタイルや新たな喜びを教えてくれるかもしれないから、話を聞くくらいはしてみよう。それで自分が変わらないならそれでもいい。

同様に、楽園化する現代について、最初から考えなくていい。日常生活に違和感をもったら、「なんで？」や「もっといい方法はないか？」とその都度、個別に考えればいい。ただし現代は違和感すら感じさせないシステムをつくりあげていることには注意しておこう。センサーの感度を上げないと、違和感や疑問を抱けず、もっといい方法や、自分に合った価値観を見つける機会がなくなってしまう。今はそういう時代なのだ。もちろん、自分で何も考える必要のない楽園というのも、悪くないのかもしれないが。

考えない常識人達の楽園は、理想のシナリオとして実現したというより、素朴な欲求に答え続けてきた結果、こうなっているにすぎない。結果として考えなくなったのと、考えないことを目指して考えなくなるのとは違う。歴史の展開の副産物として自分で考えず、相互監視し、虚無感が蔓延する世界ができてしまったのなら、「ぐっ」と踏み込んで舵《かじ》を切るべきなのかもしれない。

違和感をもって立ち止まれない世界は、本末転倒や矛盾を放置することで、とんでもない機会損失と将来の不利益をもたらすだろう。しかし、そこに違和感をもたなければ問題になることはないし、当分は死ぬこともないだろう。

違和感も虚無感も、あなたにはもっといい方法があるという肉体からのメッセージだ。難しく考える必要はない。違和感や虚無感に気づき、言葉にして問い、答えを考え実践する。その終わりのないサイクルと、変化した現実に対する充実感さえ忘れなければ、車輪は回り続ける。まずは「ぐっ」と、立ち止まろう。

あとがき

キルケゴール（1813–1855）は「真理とまさに同じくらい重要であり、どちらかといえばよりいっそう重要なのは、真理が受け入れられる際の方法である」と述べている。つまり、どれだけ真理に近づこうと、それをうまく伝えられなければ意味がないということだ。生きること、死ぬことといった哲学的な内容を、興味がないどころか拒否感すら示している現代人に対してうまく伝えるには、どうしたらいいのか。それはあまりにも深刻な問題である。

本書は、人間が生きる上でまず考えるべきこと（にも関わらず、なんとなくで済ましていること）に読者が向き合ってもらうための、いわば「人生の入門書」なのだが、この「門」を開いてもらうための筆者の戦いは過酷を極めた。伝えるべき内容は、哲学史上の思想や、前著『死生学――死の隠蔽から自己確信へ』を基礎に、すぐに決めることができた。しかし、これを、興味を持たない多くの人に読んでもらい、自ら考える人間になってもらうための伝え方の吟味には、終わりがなかった。

論文の場合、伝え方を意識するよりも、示すべき内容を正確に記述することに重きが置かれる。その際、大筋としての主張のほかに、例外に対する対応や、先行研究に対する自論の位置付け、自他の意見をしっかり区別するための参照元の記載などが求められる。しかし、こうした論文としての正しい作業は、本書の目的にとっては弊害であった。正確さを重視すれば、話の流れが分断され、量も膨大になる。哲学者や研究論文の参照元を明らかにすれば、権威づけにはなるかもしれないが、読者との距離を生み、説教じみた印象を与えてしまう。また、哲学者の主張の解釈を巡る研究者の様々な反論にも応じなければならない。

真実や正確さよりも、伝え方、そして、読者の考える能力を鍛え、よく生きるための死生観を形成するという結果を重視するために、本書では、研究者としての筆者の誠実さや罪悪感をかなぐり捨てて、特定の思想家への言及は最小限にして、それぞれの議論の参照元について逐一言及をせず、いくつもの例外事項に対する補足も割愛した。心苦しさは晴れることはない。ただ、どのような思想が議論の基になっているか、わかる人にはわかる仕掛けはしておいたつもりである。

伝え方を工夫する作業は、出版社と予定していた半年では終わることなく、信じ難いことに4年半の歳月を要した。そのため、筆者の研究者としてのキャリアも4年半停滞することになった。その犠牲に見合った結果が出ることを願うばかりである。

本書の出版を提案し、根気よく待ち続けていただいた春風社と、素直な意見で入門書としての本書の完成を導いてくれた学生の皆様には心より感謝の意を表する。